[C]LASSES SOCIALES

AU POINT DE VUE

DE L'ÉVOLUTION ZOOLOGIQUE

PAR

CHARLES MALATO

PARIS
V. GIARD & E. BRIÈRE
LIBRAIRES-ÉDITEURS
16, RUE SOUFFLOT, 16

1907

NOTICE

Ce livre a été écrit aux deux tiers dans une cellule de la Santé, à la fin de l'année 1905. Le régime auquel j'étais soumis ne me permettant pas de recevoir livres ou manuscrits du dehors, j'ai dû le rédiger sans autre documentation que celle retenue par ma mémoire, à l'exception seulement des données anthropométriques d'Alfredo Niceforo qui purent m'être communiquées par lettre.

A ma sortie de prison, au bout de six mois et au milieu de beaucoup d'autres travaux, je terminai le livre qui fut édité tout d'abord en espagnol, à la Librairie de l'École Moderne de Barcelone. Ce ne fut qu'à la fin de l'année 1906 que j'eus la possibilité de le faire paraître à Paris et en français, sans y introduire de retouches qui eussent fait différer l'édition française de l'édition espagnole. Ce mot d'explication était peut-être nécessaire pour faire excuser par les lecteurs la forme condensée de l'ouvrage.

CH. M.

AVANT-PROPOS

C'est chose commune que faire la critique de notre société, soit au point de vue des institutions politiques soit au point de vue du système économique. On a envisagé aussi l'influence que pourrait avoir une révolution sociale sur l'évolution ultérieure de la philosophie, de l'art, des sciences. Des poètes comme William Morris, des romanciers comme Wells, des sociologues comme Bellamy et Spence (1), ont tenté l'exploration des temps futurs, en attendant — ce qui viendra — que les lois de l'histoire étant formulées tout comme celles de la chimie et de la mécanique, on puisse prédire approximativement, bien à l'avance, les grands mouvements de l'humanité, tout comme on prédit les phénomènes célestes.

Mais il est un point qu'on n'a pas, croyons-nous, étudié jusqu'ici : c'est l'influence d'une révolution vraiment sociale — c'est-à-dire profonde et non superficielle

(1) J. C. Spence. *L'Œuvre de civilisation ou l'Angleterre au XXe siècle* (trad. par Naquet et Mossé).

comme les révolutions politiques — sur l'évolution zoologique de l'espèce humaine.

Les sciences naturelles nous montrent, malgré la Bible, la parenté de l'homme et des autres animaux, issus d'un même arbre zoologique dont la souche a donné naissance à des branches, puis à des rameaux de plus en plus diversifiés sous l'influence du temps et des milieux.

N'est-il pas logique d'en conclure que cette loi d'évolution, vérifiée dans le passé, doit continuer à se vérifier dans l'avenir, à moins que, de nouveaux facteurs surgissant, elle ne soit retardée ou annulée par une autre loi dominante?

Les révolutions sociales sont un de ces nouveaux facteurs. Détruisant les barrières de castes et de races, elles soufflent comme un cyclone terrible mais salutaire; elles mêlent et refondent les individus comme des molécules chimiques au fond d'un creuset. Sans elles, les groupements humains finiraient par former non plus seulement des castes et des classes étrangères ou hostiles les unes aux autres mais de véritables espèces zoologiques aussi différentes que celles du singe et de l'ours.

I. — CONSIDÉRATIONS GÉNÉRALES.

Les classes sociales. — Société romaine, société capitaliste et société féodale. — L'évolution zoologique et la révolution sociale.

Il est communément enseigné dans les livres à l'usage des enfants — grands et petits — que depuis la fameuse nuit du 4 août 1789, il n'y a plus de castes en France et que tous les habitants de ce pays sont devenus libres, égaux et frères. Cette affirmation s'étale jusque sur les murs des prisons, dans la devise républicaine : « Liberté, Egalité, Fraternité ». Parfois même on la retrouve dans les discours officiels.

Mais il suffit d'ouvrir les yeux pour voir combien sont menteuses ces prétendues liberté, égalité et fraternité. Elle n'existent que conventionnellement affirmées tout au plus en principe, nullement réalisées dans les faits. Les castes du passé se sont reconstituées sous d'autres noms, voilà tout. Qui pourra prétendre que l'individu obligé de vendre son intelligence ou sa vigueur musculaire pour un salaire de famine, l'ouvrière forcée de chercher, au sortir de la fabrique, un supplément de ressources dans la prostitution sont libres? Qui osera affirmer qu'un mendiant et un financier sont égaux ou que le réfractaire éliminé de la société est le frère du bourgeois satisfait qu'il guette nuitamment, le couteau à la main, au coin d'une rue déserte?

Tous ces types appartiennent à des catégories sociales différentes qui n'ont de commun aucun lien matériel ou même moral.

Ce sont ces catégories que nous nous proposons d'étudier. Elles sont les mêmes en France qu'en Angleterre, Allemagne, Autriche, Italie, Etats-Uuis et autres pays à civilisation capitaliste. Les différences de terroir et de traditions, qui vont chaque jour s'atténuant dans le développement prodigieux des rapports internationaux, ne séparent plus comme autrefois les habitants des deux rives d'un fleuve ou des deux versants d'une montagne; les véritables frontières ne s'appellent plus le Rhin, la Manche, les Alpes, mais Richesse et Misère. Aux Champs-Elysées et à Belleville, à White-Chapel et au West-End, sont campées côte à côte des nations ennemies.

Ennemies! Inexorablement ennemies! Si le déshérité de France et celui d'Allemagne seraient absurdes de sacrifier la seule chose qu'ils possèdent au monde : leur vie, pour complaire à des poètes chauvins ou aux spéculateurs de la Bourse, par contre, les motifs de rancune, de convoitise, de haine ne sont que trop réels entre riches et pauvres, entre jouisseurs, asservis et réfractaires.

C'est de ce dernier élément surtout, les réfractaires, qu'il faut tenir compte, car il est le levain grâce auquel a, de tout temps, fermenté la pâte humaine. Sans lui les classes supérieures pourriraient lentement dans l'excès des jouissances et les classes inférieures s'éterniseraient dans leur sujétion. Et lorsque les premières, usées, amollies, sembleraient incapables de résister à la poussée des secondes, celles-ci, ayant en elles l'atavisme de la servitude, seraient devenues incapables de donner cette poussée.

Cela s'est vérifié dans la société romaine des Césars. Les esclaves, dont la situation s'était lentement améliorée et qui constituaient comme une queue de la plèbe, n'avaient plus, au v° siècle, la force morale de se révolter pour jeter bas l'édifice vermoulu dans lequel ils étouffaient encore et qu'en d'autres temps les Spartacus, les Eunus et les Athénion avaient failli renverser. Tout ce qu'ils purent faire fut d'ouvrir les portes de Rome aux barbares. Et ce furent ceux-ci qui refirent le monde !

Les évêques chrétiens, habiles politiques, ne s'y étaient pas trompés. Clairement ils avaient vu que les esclaves de l'Italie, pourris par les vices de leurs maîtres, étaient incapables d'un effort viril. Décidés à mettre la force de leur côté, ils s'efforcèrent de catéchiser les barbares pour régner par eux, quitte à les faire s'entr'égorger lorsque ces néophytes, repris par un sauvage réveil des instincts ataviques, se rebellaient contre leur autorité morale et devenaient redoutables.

Sur la barbarie gothique, triomphante des maîtres du monde, l'Eglise étendit son règne. Quant aux esclaves de la société antique, ils devenaient les serfs de la société médiévale. Leur descendance, toujours abaissée et déshéritée parce que l'esprit de révolte, ce puissant ressort, lui manquait ou n'existait pas suffisamment, avec la conscience d'un but à atteindre, forme le prolétariat salarié de la société contemporaine.

La lutte éternelle de la force centripète et de la force centrifuge, qui est la loi des corps sidéraux, se retrouve dans les sociétés humaines, sans cesse soumises à une double tendance : agrégation, désagrégation. Au moment même où elles semblent s'attirer, s'absorber les unes les autres ou se souder en masses compactes, les sociétés commencent à s'effriter sous l'action d'un travail interne. C'est lorsque les Césars ont semblé réaliser la monarchie universelle, l'unification du monde connu, que ce monde se disloque et de ses débris séparés va constituer de nouvelles sociétés humaines; la vie, une vie confuse, bourdonne sur le sépulcre du passé.

Le *catastrophisme*, pour employer un terme mis à la mode par les socialistes d'aujourd'hui, évolutionnistes ou révolutionnaires, n'est pas le phénomène de tout moment, mais bien le terme naturel d'une évolution, le point de départ d'un nouvel ordre de choses. Résultat lui-même d'une lente évolution, il n'en agit pas moins brusquement, une fois le moment venu; le nier c'est faire preuve d'aveuglement, de même que l'invoquer à toute minute. Le tremblement de terre qui entr'ouvre soudainement des abîmes, le torrent de lave qui érupte du volcan et se précipite dans les vallées, sont la résultante d'une longue suite d'actions latentes : leur œuvre n'en est pas moins catastrophique.

L'élément réfractaire agit en dissolvant au sein de la société à laquelle il ne peut s'assimiler. Lorsque l'œuvre est suffisamment accomplie, surgit le cataclysme révolutionnaire, analogue à ce tremblement de terre et à ce torrent de lave. Il disloque, pulvérise et disperse ce qui était déjà ébranlé.

Dans la société romaine des ɪvᵉ et vᵉ siècles, existaient des castes ou des classes correspondant plus ou moins à celles d'aujourd'hui. C'étaient : le patriciat, la plèbe, les affranchis qui, s'élevant parfois très haut, constituaient dans leur ensemble une classe peut-être plus favorisée que celle des plébéiens (1), les esclaves, les barbares. Quant aux mendiants, détritus social, ils s'étaient multipliés prodigieusement depuis que le christianisme, prêchant l'humilité, la résignation, la charité, adoucissait les mœurs farouches des malfaiteurs mais aussi éteignait les nobles colères des révoltés. Le christianisme, insurrection sociale et morale à son

---

(1) Au moins économiquement, car tout esclave en devenant affranchi recevait de son ci-devant maître quelque témoignage de munificence, pécule ou métairie qui lui assurait une garantie d'existence manquant souvent au plébéien libre.

origine, était devenu en trois siècles un parti politique qui conquérait le pouvoir mais oubliait, reniait ses primitives aspirations. Il bénissait et scellait les fers de cette vieille société au lieu de les briser.

Il est intéressant de présenter un tableau comparatif des classes sociales d'alors et de celles d'aujourd'hui :

Société romaine des IVe et Ve siècles	*Société capitaliste* des XIXe et XXe siècles
Patriciens,	Haute bourgeoisie,
Affranchis,	Moyenne bourgeoisie,
Plébéiens,	Petite bourgeoisie,
Esclaves,	Prolétariat salarié,
Barbares,	Réfractaires.

Classe détritique : Mendicat,
commune aux deux sociétés.

Sous les poussées et les avalanches successives des barbares, les réfractaires d'alors, incapables d'entrer en s'y assimilant complètement (1) dans le cadre de la société romaine, celle-ci a croulé et de ses débris s'est lentement constituée la société féodale, génératrice de nouvelles castes.

Un demi-siècle avant la révolution, cette société féo-

(1) A peu près seuls, leurs chefs, en relations avec les empereurs, officiers et évêques, se romanisaient plus ou moins.

dale, agonisante entre le poids de la monarchie centralisatrice et les efforts des classes moyenne et inférieure pour s'affranchir, se décomposait ainsi :

Haute noblesse,
Petite noblesse,
Bourgeoisie,
Artisans et ouvriers,
Serfs.

Le clergé, quelle qu'ait été sa puissance, ne peut être rangé dans cette nomenclature, puisqu'il se perpétuait par recrutement dans les diverses castes et non par hérédité. Il était un *ordre*, un organisme social comme la magistrature et l'armée le sont encore de nos jours ; mais tout en conservant avec son dogme un esprit propre et des traditions, il ne constituait pas une caste dans le vrai sens du mot puisqu'il ne se reproduisait pas par la chair et le sang.

Au contraire, il est vraisemblable que, sans le nivellement opéré par les révolutions profondes, les classes sociales finiraient, en transmettant héréditairement leurs caractères physiques et moraux, par constituer des espèces anthropologiques d'abord, puis zoologiques différentes.

Il est reconnu aujourd'hui que les innombrables espèces vivantes descendent d'un petit nombre de formes primitives qui, sous l'influence des milieux différents et de ce grand facteur, le temps, ont fini par donner naissance aux rejetons les plus dissemblables.

Jaillissant spontanément des combinaisons inorganiques du carbone sous l'action des forces naturelles, la vie a rayonné dans tous les sens en se diversifiant de plus en plus.

De la souche primitive, le protoplasma, grumeau gélatineux, jusqu'à l'homme contemporain, précurseur du surhomme entrevu par Nietzsche, l'arbre zoologique a envoyé continuellement dans toutes les directions des branches productrices de rameaux nouveaux. A chaque minute de l'incessante évolution, se créent par adaptation aux milieux changeants de nouvelles espèces animales et végétales. Après la bifurcation des premiers organismes en plantes marines (algues et protophytes) et animaux-plantes (zoophytes), commencement des règnes animal et végétal, ces règnes se subdivisent; embranchements, classes, familles, genres, espèces se multiplient indéfiniment. Des invertébrés se détache un rameau qui par l'*amphyoxus lanceolatus*, animal intermédiaire, va donner naissance aux premiers vertébrés: les poissons; les reptiles se bifurquent en ptérodactyles, d'où naîtront les oiseaux, et en batraciens, ancêtres de nos mammifères terrestres; les marsupiaux poussent un rameau, les pro-simiens, d'où sortiront plus tard les singes, précurseurs des pithécanthropes et aïeux des hommes.

Il serait absurde de penser que ces derniers, nos congénères, échappant à une loi commune, aient cessé d'évoluer et de produire en tous sens des groupes anthropologiques se différenciant de plus en plus à la longue et pouvant devenir souche non seulement de *races* mais encore d'*espèces* dissemblables. Il est aujourd'hui établi que les pithécanthropes, prédécesseurs immédiats de l'humanité, se reliaient aux trois souches de géniteurs d'où sont sont sortis le chimpanzé, l'orang-outang et le gorille; par les migrations et les croisement, ils ont dû former à la longue nombre de familles différenciées d'où ont émergé à intervalles, depuis deux cent cinquante ou trois cent mille ans, les diverses races humaines. L'élimination des plus faibles de ces races par les plus fortes aurait certainement tendu à amener au bout d'un long temps l'unification de l'espèce humaine si, d'autre part, la dissemblance des milieux physiques et sociaux n'eût agi en sens inverse pour recréer les différences de types.

A mesure que certaines espèces animales disparaissent, tuées par l'homme, ce tyran de la nature, l'espèce humaine ne va-t-elle pas, grâce à la rapidité de l'évolution chez certains groupes ethniques ou sociaux et à la lenteur de cette évolution chez d'autres groupes, reformer elle-même des espèces zoologiques différentes? Le Français, l'Anglais, l'Allemand, le Russe fusionnent de plus en plus; la constitution des États-Unis d'Europe peut être entrevue comme très proche. A cette grande fédération viendront s'ajouter celles de l'Amérique, de l'Australasie et de l'Afrique anglaise, puis le Japon, avant-garde des peuples asiatiques, entraînés dans le mouvement international. La République universelle cessera alors d'apparaître comme une chimère.

Mais sans parler de la race nègre qui, tout en ayant par le seul fait de son existence les mêmes droits naturels que les Blancs et les Jaunes à la vie et à la liberté, n'en constitue pas moins un problème sérieux, il est certain que cette fédération universelle, jadis rêve enthousiaste des penseurs généreux, pourrait n'être que superficielle et éphémère si elle n'était basée sur une refonte et un nivellement de tout le corps social. Une bourgeoisie dirigeante, puissante et cultivée, aurait beau supprimer les frontières, proclamer l'unité du genre humain et réaliser ainsi en apparence le rêve des anciens internationalistes, cette unité ne serait pas plus solide et durable que celle de l'empire romain si la société contenait encore dans son sein des castes et des classes antagonistes, séparées autant par les conditions de vie matérielle que par la culture et les sentiments. L'unité humaine, proclamée au sommet, s'effondrerait presque aussitôt par la dislocation de sa base.

Cette unité là ne serait que celle d'une classe internationale de possédants, dirigeant et exploitant un grand troupeau prolétarien appelé à remplacer les animaux domestiques. Les différences de situation accentueraient de plus en plus les différences intellectuelles et physiques jusqu'au jour où les classes sociales, devenues des espèces zoologiquement distinctes, seraient séparées par un abîme infranchissable, tel que celui existant entre l'homme et le singe.

Si cette séparation du genre humain en espèces ennemies, destinées à s'entre-déchirer n'est qu'une possibilité et non une loi inexorable de la nature, si les individus arrivent à être autre chose que pasteurs, chiens, loups et moutons, ce sera grâce à la Révolution. Révolution non politique, c'est-à-dire de surface, mais sociale, c'est-à-dire de fond, venant brusquement sanctionner — et quelquefois détruire — l'œuvre latente de la période évolutive; révolution achevant de jeter bas dogmes, codes, lois, élevés comme des barrières entre les castes et que la critique des penseurs a condamnés. Arrachée par la violente secousse à la pourriture mortelle, l'humanité se refondra dans un nouveau moule. Après l'inévitable période chaotique, nécessaire pour détruire et édifier, les éléments morbides étant éliminés, les éléments subsistants, sains ou assainis, pourront s'agréger en combinaisons différentes de celles du passé.

II. — CARACTÉRISTIQUES DES CLASSES ET SOUS-CLASSES SOCIALES.

Les sociétés humaines ont été considérées par les socialistes révolutionnaires, depuis Karl Marx, comme formées exclusivement de deux classes ennemies : celle des possédants exploiteurs et celle des non-possédants exploités. Mais cette division, quoique basée sur une idée juste, apparaît dès l'abord un peu abrupte. Dans l'échelle sociale comme dans l'échelle zoologique, il existe des transitions : entre les possédants et les non-possédants s'étagent des classes ou sous-classes intermédiaires, allant de la médiocre fortune à l'insuffisance de ressources, de la demi-indépendance au demi-servage. Puis, au delà des non-possédants exploités, s'étend un détritus social : le mendicat, formé d'êtres chez lesquels fait défaut l'énergie, remplacée par l'humilité et souvent la ruse. Enfin, il existe encore une classe, les réfractaires, vivant en marge de la bourgeoisie et du prolétariat.

C'est surtout la situation économique qui sert de

caractéristique à ces classes. La fortune est la base sur laquelle se crée leur ambiance, se développe leur culture, s'établissent leurs relations. La fortune leur constitue une atmosphère spéciale. Cela est tellement vrai que lorsque le riche bourgeois se trouve, par suite d'une catastrophe, précipité dans le prolétariat, il y étouffe, il lui semble qu'il ne peut pas plus y vivre que le poisson hors de l'eau. De même le prolétaire déshérité arrivant soudainement à la fortune par suite de quelque hasard quasi miraculeux se trouvera presque toujours grisé et, en cherchant à imiter les individus de son nouveau milieu, aura des allures lourdes de parvenu. D'où le proverbe anglais : « *Three generations to make a gentleman* » (trois générations pour faire un gentleman).

Le savoir est une autre caractéristique, quoique à un degré moindre. Il est bien certain que, d'une façon générale, les bourgeois ont plus d'instruction que les prolétaires parce qu'ils possèdent ce qui manque à ceux-ci, loisirs et fortune, et que, au bout de plusieurs générations les aptitudes acquises ou développées par l'étude peuvent se transmettre héréditairement, formant une sorte d'instinct inné. C'est ainsi que l'esprit de spéculation a pu se développer par atavisme chez les Juifs, confinés dans le trafic par l'intolérance chrétienne ou musulmane, tout comme la mélomanie a pu se développer chez les Napolitains et l'esprit de *vendetta* chez les Corses. Cependant, il arrive que tel enfant d'ouvriers manifeste une intelligence spontanée, aiguisée par les nécessités de la vie, tandis que tel fils de bourgeois demeure sous son vernis artificiel un parfait ignorant, inapte à comprendre. Peut-être, s'il était possible de remonter à la souche des ascendants plus exactement que par l'état civil qui ne tient pas compte de ce facteur, l'adultère, trouverait-on un simple phénomène d'atavisme.

Cependant, si les bourgeois l'emportent en instruction classique, les prolétaires pourraient l'emporter en instruction professionnelle. Le malheur est que la division du travail, amenée par le développement de la grande industrie, finit par tuer l'initiative chez les ouvriers en courbant ceux-ci éternellement sur la même tâche et les faisant esclaves de la machine. Un homme qui aura passé des années à ne fabriquer que des têtes d'épingles deviendra ou un abruti ou un révolté. Dans le premier cas, quelles aptitudes pourra-t-il transmettre aux enfants nés de sa chair et de son sang? La résignation morne, coupée peut-être par les ivresses du cabaret.

Fatalement distancés par les bourgeois sous le rapport de l'instruction, les prolétaires seraient, malgré la supériorité de leur nombre, condamnés à la défaite et au servage sans espoir s'ils ne comptaient au milieu d'eux des « déclassés », justement nommés, car ils appartiennent à la bourgeoisie par l'éducation et au prolétariat par la situation économique. Ceux-là viennent apporter aux déshérités du salariat, avec le stimulant de leurs rancunes et de leurs colères, un bagage de connaissances nécessaires pour lutter contre la bourgeoisie qui possède richesse, pouvoir et savoir.

Aussi, les socialistes ont-ils beau former des partis se dénommant « ouvriers »; par la force des choses, ce sont des bourgeois d'éducation et souvent de situation, sinon d'idées, qui se trouvent à la tête de ces partis. Leur instruction supérieure les désigne pour guides naturels aux hommes d'instruction primaire. Ceux-ci peuvent récriminer contre cette supériorité; ils sont forcés de la subir tout en se défiant instinctivement, souvent avec raison, de ces hommes qu'ils sentent différents d'eux.

C'est que l'individu qui vient d'être précipité dans le servage et la misère après avoir connu l'indépendance et le bien-être ne se résigne pas aussi facilement que le déshérité de naissance. Celui-ci n'a pas connu une autre vie ; il ne croit pas à la possibilité de s'affranchir et se répète cette phrase transmise à travers les siècles par l'ignorance et la lâcheté : « Cela a toujours existé et existera toujours. »

Spartacus, qui fit trembler la société romaine et légua un exemple immortel aux opprimés de tous temps, n'était pas esclave de naissance : c'était un prisonnier de guerre. S'il eût fait souche, ses descendants à la troisième ou quatrième génération se fussent sans doute résignés à la servitude.

Enfermé chaque jour pendant dix ou onze heures à l'atelier, travaillant dans certaines professions jusqu'à quatorze et quinze heures, condamné à accomplir automatiquement une tâche monotone, ce qui est pis que pénible, l'ouvrier est transformé par le régime de la grande industrie non plus seulement en bête de somme mais en aveugle machine. Ses qualités d'imagination, de hardiesse ou de réflexion étant de moins en moins nécessitées, grâce au perfectionnement du machinisme, finissent par s'atrophier. Que fera l'homme au sortir de l'usine? Ira-t-il s'astreindre à une nouvelle fatigue en lisant des livres que son esprit alourdi ne comprendrait pas? Il faudrait être naïf pour le croire. De retour dans son taudis, où l'attendent sa nichée piaillante et sa femme souvent maussade, il avalera, taciturne ou grondeur, sa part de la pâtée familiale, puis s'endormira comme une bête fourbue jusqu'au moment de reprendre la tâche quotidienne. A moins qu'il ne s'achemine vers le cabaret pour tâcher d'y oublier sa misère!

C'est pourquoi la limitation des heures de travail, jointe à la fixation d'un minimum de salaire, est la réforme la plus urgente que puissent poursuivre les ouvriers en régime capitaliste. Réforme qui, bien autrement importante que toutes les joutes et comédies politiques, touche à l'avenir de la race même. Réforme qui, en permettant aux salariés de se ressaisir quelque peu, les arrachera à la déchéance physique et morale irrémédiable et créera autour de l'élite actuellement existante dans les syndicats une véritable armée prolétarienne consciente du but à atteindre: la transformation économique par la socialisation des moyens de production et d'échange.

Le caractère et les allures, sans être une rigoureuse caractéristique de classe, sont cependant, d'une façon générale, en relation avec le milieu. Tandis que la haute bourgeoisie tend à se rapprocher du type affiné de l'ancienne noblesse à laquelle elle a succédé, la moyenne bourgeoisie, dans ses efforts pour s'élever, se montre active, circonspecte, douée de l'intelligence des affaires. La petite bourgeoisie, à son tour, apparaît âpre, à la fois féroce et servile, gourmée dans une morale conventionnelle, ayant, au fond du cœur, la haine du prolétariat dont elle n'est séparée que par un mince fossé qu'elle tremble à tout instant d'avoir à franchir.

Le prolétariat avait jadis en sa faveur cet élément : la force musculaire. Il ne l'a plus aujourd'hui. Déjà plusieurs écrivains ont jeté un cri d'alarme en constatant l'infériorité dans laquelle est tombée à cet égard la classe ouvrière par rapport à la bourgeoisie. Le xixe siècle avec son formidable industrialisme a porté un coup terrible sinon mortel au prolétariat quittant en masse le plein air des campagnes pour aller s'agglomérer dans les bagnes du travail et dans les mansardes fétides des grandes villes, pour aller vivre non plus de pain noir et de légumes arrosés d'eau claire mais d'aliments plus ou moins falsifiés, accompagnés d'alcools meurtriers. Actuellement, les conditions d'existence du prolétariat sont devenues incontestablement moins pénibles que durant la première moitié du xixe siècle, mais le coup fatal n'en a pas moins été porté. Aussi demeurera-t-on douloureusement étonné si l'on compare la stature chétive et le teint hâve de l'ouvrier des villes à la deuxième ou troisième génération avec la taille robuste quoique épaisse et les fortes couleurs du salarié agricole. Ce dernier pourtant vit presque à la façon des bêtes, d'une nourriture grossière toujours la même et son labeur est pénible ; mais, du moins, l'air et le soleil, si parcimonieusement mesurés aux habitants des cités, ne lui manquent pas et il souffre moins de sa situation que le travailleur urbain parce qu'il a contracté peu de besoins.

La mortalité est plus grande pour les enfants d'ouvriers que pour ceux des autres classes ; ceux qui survivent sont le plus souvent chétifs, prédisposés à la tuberculose, surtout s'ils sont nés troisièmes ou quatrièmes, alors que la mère débilitée par les couches successives, le manque de soins et la misère, ne pouvait leur fournir qu'un lait appauvri.

L'alcoolisme, triste conséquence de cette situation économique — car l'ouvrier recherche dans l'alcool à la fois une diversion et un stimulant — transmet aux enfants les tares paternelles en les intensifiant et, concurremment avec la syphilis, crée des dégénérés, scrofuleux, épileptiques, idiots. Que pourront être les rejetons de pareils êtres, sinon une race de monstres ? Lombroso, qui a eu souvent le tort de tirer des conclusions trop absolues, a, tout au moins, effleuré la vérité en parlant d'un type de « criminels-nés ».

Ainsi, c'est la dégénérescence physique irrémédiable à moins d'une révolution complète dans les conditions d'existence du prolétariat. Le travailleur qui, jadis, pouvait montrer ses biceps musculeux et menacer du poing le bourgeois ventru est aujourd'hui un être débile, vidé de chair, de sang et d'idées à cinquante ans, âge auquel il voit se fermer devant lui l'usine patronale et tombe à la charge de ses enfants.

Au contraire, à cinquante ans, le bourgeois bien nourri est encore en pleine force. La riche bourgeoise, grâce aux soins d'hygiène trop méconnus de la classe pauvre, peut de même conserver sinon la beauté du moins la santé, tandis que l'ouvrière, dont la jeunesse a passé comme un feu de paille, est à trente ans une créature physiquement flétrie et sans âge.

Peut-on donc s'étonner si de nombreux enfants d'ouvriers préfèrent à cette vie de servage et de misère la vie des réfractaires : les garçons le vol, menant à l'assassinat; les filles la prostitution ?

Le vol, l'assassinat, la prostitution, il faudrait s'entendre sur ces mots. L'hypocrisie des mœurs et des lois en fait un crime aux pauvres et une gloire aux riches. Qu'un rôdeur mal habillé enlève à un passant son porte-monnaie et sa montre, le tribunal correctionnel l'enverra en prison; que ce rôdeur appuie son acte d'un coup de couteau, c'est le bagne, la peine de mort n'étant plus beaucoup dans nos mœurs. Enfin qu'une fille ou femme prête son corps à des hommes moyennant argent, on la traitera ignominieusement ; des individus, qui se livrent peut-être eux-mêmes à toutes les débauches, l'inscriront au nom de la plus pharisaïque des morales comme esclave de la police.

Mais qu'un riche exploite le travail de ses ouvriers en leur payant des salaires de famine ou que par une opération de Bourse il ruine des milliers de familles, on le saluera avec respect. Qu'un militaire, sans motifs de haine et au nom de la Patrie, éventre une demi-douzaine de Jaunes ou de Noirs, on le décorera de la médaille s'il est soldat, de la croix s'il est officier. Et qu'une demoiselle bien née se donne devant la loi à un homme riche qu'elle n'aime pas, on ne qualifiera pas ce marchandage de prostitution à vie mais bien d'union respectable, sur laquelle l'Eglise appellera les bénédictions d'un ciel auquel la famille et les conjoints ne croient guère.

Sans doute, les réfractaires n'ont-ils pour la plupart qu'une perception vague de toute cette hypocrisie. C'est le tempérament ou l'instinct qui se révolte en eux bien plus que la raison.

Fatalité du milieu, mauvaises fréquentations, dit-on, pour expliquer le recrutement de ces réfractaires. Certes, et leur vie n'a rien que de profondément attristant ; mais est-elle plus triste que celle de l'ouvrier régulier et de sa compagne, bêtes de somme jusqu'à la fin de leurs jours ?

Mais sans nier la fatalité du milieu et l'influence des mauvaises fréquentations, on peut entrevoir un troisième facteur. C'est une révolte de la nature même plus forte que toutes les conventions sociales, qui fait que ces enfants d'ouvriers se détournent avec horreur du bagne industriel où leurs ascendants ont laissé leur jeunesse, leur vigueur leur intelligence, pour s'enfuir dans la rue. Et dans la rue, ils deviennent ce qu'ils peuvent.

Ce sont des malfaiteurs plus farouches que les bandits de finance et d'épée. Possible, mais si décriée que soit leur existence, ils conservent ou acquièrent de par le fait de leur vie aventureuse une vigueur et une souplesse physiques que n'avaient plus leurs parents, transformés en machines. Et on peut se demander si, au lendemain d'une transformation sociale, ce ne sont pas la plupart de ces malfaiteurs, moralement transformés par un milieu nouveau, qui viendront infuser un sang plus chaud dans les veines du prolétariat anémié.

Une pareille hypothèse pourra choquer beaucoup de personnes : elle n'a rien d'absurde. Les Barbares, qui rajeunirent assez brutalement le monde épuisé des derniers Augustes, n'étaient autre chose que des réfractaires rôdant par formidables bandes dans l'empire romain. Les Alaric, les Attila, les Clovis furent les chefs d' « Apaches » de leur époque.

C'est l'incompressible besoin de se retremper physiquement dans les vivifiants effluves qui fait fuir à tant d'enfants d'ouvriers la lourde atmosphère et le travail monotone des usines. Assoiffés de grand air, obéissant inconsciemment à un besoin de tout leur être, ils errent, isolément ou par groupes, le long des fortifications, se livrent à des matches de courses à pied ; le cyclisme surtout les enfièvre et comme bien rarement ils peuvent acheter une bicyclette, souvent ils la volent, ce qui est plus simple, mais non sans périls. « Fait pour *biclo* » (arrêté pour bicyclette), cette inscription orne fréquemment les murs des préaux Le vol de « bécanes » s'exerce à Paris notamment sur une grande échelle; c'est par là que bien des fois commencent de futurs malfaiteurs.

Nombre de doctrinaires s'indignent de cette passion des jeunes prolétaires pour la course et le sport, qui les éloigne des cercles d'études sociales, des universités populaires et des cours du soir. Mais il y a là un besoin invincible de l'organisme humain qui, comprimé pendant plusieurs générations, se détend désordonnément. Un fils de petits bourgeois ou même d'ouvriers relativement aisés, — car l'armée du travail, à son tour, a ses distinctions et ses sous-classes — pourra donner ses loisirs à l'étude. Mais le fils des tout à fait miséreux et miséreux lui même a par-dessus tout soif d'air et de mouvement et c'est une cruelle ironie de lui demander un effort intellectuel qu'il est incapable de donner. L'instinct de ces prolétaires a plus de justesse que les raisonnements des doctrinaires ; ils sentent par leur chair meurtrie qu'ils ont besoin avant tout de se refaire le sang, les muscles et les poumons que leurs parents anémiés n'ont pu leur donner. Le médecin ne s'efforce-t-il pas de rendre au malade la santé du corps avant de lui permettre de fatiguer son esprit? Et les prolétaires, débilités par la fatigue et la misère, sont des malades.

Entre ces tronçons séparés d'une même humanité, il subsiste à peine ce restant de lien : le langage. Encore est-ce un lien plus apparent que réel. Les perroquets ne sont-ils pas susceptibles d'apprendre à parler? S'ensuit-il que nous puissions raisonner avec eux? De même, combien d'hommes en possession du langage articulé sont, comme les perroquets, inaptes à comprendre les idées tant soit peu compliquées! Sous leur costume moderne ils sont demeurés les pithécanthropes de la période tertiaire, les primitifs de l'âge de pierre.

On peut tracer des classes et sous-classes sociales le tableau suivant :

Classe :

BOURGEOISIE. — (Partie de la société possédant capital ou revenus et, généralement, le savoir, ce qui lui assure en même temps la domination politique).

Sous-classes :

Haute-Bourgeoisie. — (Mêlée des débris de l'ancienne noblesse dont elle a pris la place. Financiers, grands industriels).

Moyenne bourgeoisie. — (Professions libérales, commerçants, propriétaires, techniciens, chefs de services).

Petite bourgeoisie. — (Boutiquiers, employés supérieurs).

Classe :

PROLÉTARIAT SALARIÉ. — (Partie de la Société ne possédant ni capital ni revenus).

Sous classes :

Déclassés. — Professeurs, artistes et techniciens pauvres, bourgeois par l'éducation, prolétaires par le manque de capital et de revenus et dans une dépendance économique semblable à celles des ouvriers.)

Ouvriers de luxe.

Employés de bureau et de magasin.

Ouvriers de grande industrie et de services publics.

Ouvriers agricoles.

Petits marchands et travailleurs de petite industrie.

Travailleurs nomades.

Classe :

DÉTRITUS.

Sous-classe :

Mendiants.

Classe :

RÉFRACTAIRES.

Sous-classes :

Malfaiteurs.
Vagabonds.

Quant aux organismes improductifs : police, armée, clergé, magistrature, destinés évidemment à disparaître ou se transformer de fond en comble (ce qui revient au même) avec la société qui leur sert de base, ils recrutent leurs éléments dans les deux grandes classes : bourgeoisie et prolétariat, fournissant celle-là le personnel supérieur, celui-ci le vulgaire troupeau.

La différence de situation sociale et de milieu a donc créé des différences physiques et morales. Ces différences s'accentuent entre les humains d'un même pays tandis que, au contraire, les différences ethniques disparaissent. Les peuples se mélangent, mais non les castes. Un bourgeois français épousera une bourgeoise anglaise ou allemande, mais non sa compatriote ouvrière. Aussi y aura-t-il une bien plus grande ressemblance d'allures, de caractère et de mentalité entre le négociant de la City et celui du faubourg Montmartre qu'entre chacun de ces hommes et les ouvriers qu'il emploie. De même, le mendiant de Rome ressemblera à son confrère de Madrid ou de Vienne et non à son compatriote travailleur régulier; le cambrioleur parisien ne différera pas beaucoup du *burglar* londonien. La barrière est donc non entre les pays, mais entre les classes.

Transmises par hérédité, les caractéristiques différentes, tant physiques que morales, s'accentuent sous l'action du temps, et au bout de quelques générations la séparation entre deux rameaux humains partis de la même souche est devenue aussi complète que possible. A son tour, chacun de ces deux rameaux bifurque : dans le premier les individus doués d'une activité plus grande qui se sont assimilé le savoir et ont su éviter les excès tendent à constituer une race vraiment affinée, tandis que les autres s'étant simplement laissés vivre forment une race béatement stationnaire, chez laquelle même peuvent s'éteindre des facultés qui ne sont plus stimulées par le besoin. Dans le second rameau, la grande masse ne formera plus qu'un troupeau hébété, servile à force d'avoir été asservi, inapte à comprendre toute idée tant soit peu abstraite, tandis que quelques individus, doués d'une énergie plus grande, se révolteront contre le milieu où ils étouffent.

Dans le tableau ci-dessous sont notées les principales caractéristiques des classes et sous-classes sociales. Nous ne prétendons pas, cela va sans dire, leur attribuer une valeur absolue; ce serait pédantisme charlatanesque et maintes fois blessante injustice. Il est bien certain, par exemple, qu'il se rencontre des petits bourgeois d'esprit avancé, des artistes rapaces et des employés de magasin qui pensent. Telle qu'elle est, cependant, cette classification présente une moyenne des traits généraux tant d'ordre physique que d'ordre moral; dans une étude conjecturale comme celle-ci, qui formule une thèse sans prétendre à l'infaillibilité, elle peut présenter une base très approximative.

Classe :

BOURGEOISIE.

Sous-classes :

Haute bourgeoisie. — *Caractéristiques morales :* Esprit dominateur, cultivé, dépouillé ou tendant à se dépouiller de l'âpreté originelle. Spéculatif par besoin d'activité ou jouisseur chez les hommes. Mondain, conventionnel et peu affectif chez les femmes.

Caractéristiques physiques : Vigueur et adresse chez la jeunesse adonnée au sport et voyageant. Allure froide et hautaine.

Moyenne bourgeoisie. — *Caractéristiques morales :* Esprit libéral, culture généralement superficielle ou plus brillante que solide. Intelligence des affaires. Activité.

Caractéristiques physiques : Activité. Constitution relativement saine sinon vigoureuse.

Petite bourgeoisie. — *Caractéristiques morales :* Âpreté, manque d'imagination et de générosité. Esprit à la fois servile et autoritaire. Moralisme étroit.

Caractéristiques physiques : Empâtement fréquent, surtout chez les femmes par suite de la vie sédentaire. Prédominance du type abdominal, parfois vigoureux, manque de souplesse et de grâce. Visage inexpressif dans la jeunesse, s'enlaidissant promptement.

Classe :

PROLÉTARIAT SALARIÉ.

Sous-classe :

Déclassés. — *Caractéristiques morales :* Imagination, sentimentalité (plus ou moins comprimée par le milieu), intelligence des affaires souvent absente ou développée seulement à la longue par le besoin. Mépris pour les natures *inférieures*, c'est-à-dire mépris d'abord pour le petit bourgeois prétentieux et vulgaire, devenant facilement, plus tard, mépris pour le prolétaire inculte.

Caractéristiques physiques : Affinement, nervosité plutôt que vigueur masculine. Main nerveuse et fine.

Ouvriers de luxe. — *Caractéristiques morales :* Se rapprochant de celles des artistes avec des nuances dues à leur vie plus sédentaire. Régularité de travail et intelligence mercantile plus grandes. Mépris ou anthipathie plus intense pour les prolétaires incultes dont ils éprouvent le besoin de se différencier davantage que les artistes, s'en trouvant eux-mêmes plus rapprochés.

Caractéristiques physiques : Plutôt nerveux que sanguins. Main souple et habile, tendant à s'affiner, précision de l'œil.

Employés de bureau et de magasin. — *Caractéristiques morales :* Culture médiocre avec des prétentions et mépris du travail manuel. Vide d'idées ou idées banales, le surmenage et le manque de temps pour se ressaisir étant les principaux obstacles au développement intellectuel.

Caractéristiques physiques : Peu de vigueur, stature chétive, poitrine peu développée, sang affaibli, teint pâle. Main neutre.

Ouvriers de grande industrie et de services publics. — *Caractéristiques morales :* D'une vigueur intellectuelle décroissante de père en fils, jusqu'au moment où il ne reste plus qu'une loque humaine ou un dégénéré. Aspirations mal comprimées par la discipline et le régime industrialistes. Capables d'enthousiasme instinctif et momentané plus que de calcul et d'effort suivi.

Caractéristiques physiques : Vigueur physique décroissante de père en fils dans les industries exercées en atelier. Appauvrissement du sang. Tendances à l'alcoolisme dans les grandes villes. — Main déformée ou rudimentaire.

Ouvriers agricoles. — *Caractéristiques morales :* Ruse, âpreté, peu d'imagination, culture nulle ou à peu près. Capables de courage et de ténacité plutôt que de générosité.

Caractéristiques physiques : Vigueur musculaire, développement pectoral, endurcissement et résistance corporelles. Attaches massives. Main rudimentaire.

Petits marchands et travailleurs de petite industrie — *Caractéristiques morales :* Instinct naturel aiguisé par la lutte pour la vie et l'activité individuelle. Esprit d'initiative et d'indépendance au moins relatif, tendances à la lutte plutôt par l'habileté que par la révolte.

Caractéristiques physiques : Peu robustes mais vifs et adroits. Nerveux ou bilieux plutôt que sanguins ou lymphatiques. Main habile.

Travailleurs nomades. — *Caractéristiques morales :* De moralité et caractère très divers, les uns, surtout les montagnards (Auvergnats, Savoyards, Piémontais, Suisses), très âpres au gain, les autres capables de générosité et de grandeur d'âme. Les premiers calculateurs et tenaces, les seconds imaginatifs ; ceux-ci indépendants, souvent bohêmes, ceux-là souples et finissant par devenir des sédentaires évoluant vers le type petit-bourgeois.

Caractéristiques physiques : Divers. Peu de lympathiques ; les uns nervoso-sanguins et robustes, les autres nerveux et déliés. Mains diverses.

Classe :

DÉTRITUS.

Mendiants. — *Caractéristiques morales :* Serviles, rusés ou affaissés, sans courage, irrémédiablement déchus.

Caractéristiques physiques : Peu de vigueur active mais grande endurance lymphatique. Humilité du regard. Main molle.

Classe :

RÉFRACTAIRES.

Malfaiteurs. — *Caractéristiques morales :* Très divers. En général enfants d'ouvriers dont ils voient la misère et la servitude, et incapables de se plier à la même vie de discipline et de privations. C'est une révolte de la classe comprimée qui éclate en eux. Mélange confus de ruse, de naïveté, d'honneur particulier, de courage, de restants ou d'embryons de qualités flottantes au milieu des vices de la dégénérescence ou du milieu social. Deux types particuliers de malfaiteurs : les dégénérés, subissant des tares ataviques, et les révoltés, créés par le milieu et capables d'évoluer dans un milieu différent.

Caractéristiques physiques : Deux types : l'un en régression cérébrale avec prédominance des instincts brutaux (l' « homme criminel » de Lombroso); l'autre bien conformé cérébralement mais avec développement des instincts de combativité et de ruse. Inaptitude au travail suivi; vigueur et agilité plus grande que chez les ouvriers. Le crâne et la main sont généralement caractéristiques chez les malfaiteurs du 1er type.

Vagabonds. — *Caractéristiques morales :* Très divers. Soit lymphatiques et endormis, soit nerveux et rusés avec tendances parfois à se rapprocher du type malfaiteurs et imagination assez riche.

Caractéristiques physiques : Sveltesse : développement musculaire des jambes, plus exercées que les bras.

Telles sont, d'une façon très générale, les caractéristiques des classes et sous-classes sociales, caractéristiques se développant diversement sous l'action des milieux et se transmettant aux descendants par atavisme.

L'atavisme! Il serait absurde d'en méconnaître la puissance : souvent elle apparaît à une génération éloignée par une frappante reproduction du type ancestral, que des causes secondaires avaient semblé plus ou moins modifier. Mais il n'est guère de loi même naturelle contre laquelle il ne soit possible de lutter; la transformation du milieu, l'éducation, enfin les modifications organiques peuvent rendre l'individu très différent de qu'il semblait destiné à devenir.

I. — DARWINISME SOCIAL. — L'ESPRIT DE RÉVOLTE. — LES ESPÈCES PROPHÉTIQUES.

L'atavisme était jadis admis comme la seule loi naturelle déterminant la constitution des êtres vivants. « Tel père tel fils », disait-on malgré les exemples assez frappants qui montraient deux frères aussi dissemblables qu'un Titus et un Domitien descendant d'un même père auquel ils ne pouvaient ressembler l'un et l'autre. Cuvier, s'efforçant de maintenir au commencement du XIXe siècle le dogme de la fixité des espèces, battu en brèche par Lamarck avant de disparaître sous les coups victorieux de Darwin, confirmait cette croyance absolue aussi utile à l'Église et aux gouvernants que néfaste aux progrès de la science. En effet, si les mêmes êtres se reproduisaient perpétuellement, il fallait, pour expliquer l'innombrable succession des espèces différentes, admettre l'intervention constante d'une force créatrice. Et si toujours les êtres devaient se perpétuer semblables jusqu'à ce qu'il plût à leur créateur de les exterminer par un cataclysme pour en faire surgir d'autres différents, si tout se répétait dans la nature, à quoi bon aspirer à des changements? Vivre comme avaient vécu les ancêtres, sans désirer mieux, étouffer toutes aspirations, n'était-ce pas se soumettre à la volonté même du ciel?

Cependant le développement des sciences naturelles, notamment de la paléontologie et de l'embryogénie, devait faire triompher la vérité malgré les efforts intéressés des savants officiels. En même temps que Darwin par ses observations sur les oiseaux d'abord, puis sur les autres êtres animés, montrait l'adaptation à des milieux divers créant les différences morphologiques entre les rejetons d'une même souche primitive, les embryogénistes retrouvaient dans les phases de développement du fœtus humain les mêmes phases qui avaient marqué la succession des espèces vivantes sur notre globe. Le grumeau gélatineux d'où naît neuf mois plus tard l'enfant humain n'a-t-il pas son analogue dans le protoplasma ou *bathybius* découvert par Hæckel et première ébauche des êtres? Et après que ce grumeau s'est étiré en forme de ver, ne vient-il pas à présenter le type de *l'amphyoxus* lancéolé, cet étrange animal sans crâne, marquant la transition des vers aux poissons? Le fœtus humain ne devient-il pas ensuite reptile, batracien, quadrupède, au point d'offrir, à la huitième semaine de gestation, la plus grande analogie avec le fœtus du chien? Qui donc ensuite, le quadrupède évoluant en bimane, distinguerait ce fœtus humain de celui du chimpanzé? Et ce n'est qu'après avoir traversé toute cette succession de formes ancestrales que celle de l'espèce ultime apparaît.

Aujourd'hui qu'aucun homme sérieux ne met plus en doute cette filiation qui fait de nous les parents évolués des animaux, il est assez difficile de se figurer la tempête de saintes et ignares colère que soulevèrent ces théories révolutionnaires faisant justice des fables bibliques. Quoi! tout changeait, se transformait, évoluait, les êtres avec les milieux! Mais alors le progrès, le mouvement, la vie, invoqués par les hommes de pensée libre étaient des réalités! Quelle abomination!

Cependant la classe dominante, la bourgeoisie, devait s'emparer des lois de sélection mises en lumière par l'école darwinienne pour en tirer des conclusions légitimant son exploitation du prolétariat. « C'est la lutte « pour la vie, disait-elle, qui est le grand facteur de « cette évolution; les faibles sont éliminés, les forts « subsistent et se développent. Nous sommes les plus « forts, les mieux évolués; donc, nous avons le droit « naturel de dominer le prolétariat, vaincu dans la « concurrence vitale parce que faible et ignorant. »

Langage césarien auquel la minorité consciente du prolétariat pouvait répondre : « C'est la force que vous « invoquez comme suprême droit. Prenez garde! Cette « force vous ne l'aurez peut-être pas toujours. Et puis- « que l'individu se transforme avec le milieu, détrui- « sons le milieu social dans lequel nous étouffons, et « notre troupeau hébété deviendra une humanité cons- « ciente. »

Tranformer le milieu pour transformer la masse des individus, telle est la solution révolutionnaire. « Le salut est en vous », disent, au contraire, avec Tolstoï les réformateurs mystiques, oubliant le monde pour vivre de la vie intérieure. Ils méconnaissent que c'est seulement un bien petit nombre d'êtres particulièrement doués qui peuvent arriver à se perfectionner dans un ambiant défavorable, tandis que le changement d'ambiant agit, au contraire, sur la masse.

Cette influence du milieu sur l'individu ne peut être aujourd'hui mise en doute par personne, sinon par les fanatiques et les ignorants. Que des hommes pacifiques et cultivés soient précipités par un naufrage sur un radeau perdu, sans vivres, au milieu de l'Océan, en quelques jours leur caractère humain disparaîtra ; devenus des animaux furieux. ils se rueront les uns sur les autres pour se manger. Au contraire, que des guerriers brutaux soient transportés dans les délices de quelque Capoue : au bout d'un certain temps, leur fougue se dissipera, ils seront amollis et peut-être accessibles à des sentiments humains.

Et c'est pourquoi tout système pénal est une honte pour l'esprit humain ; c'est une preuve d'ignorance et de barbarie que de punir les effets au lieu de s'attaquer au mal dans ses causes,

Les prolétaires auront-ils la force et les lumières nécessaires pour changer le milieu social ?

Si, pour opérer ce changement, l'aveugle poids du nombre suffisait, certes les prolétaires, malgré leurs divisions intestines, malgré les transfuges et les *jaunes*, recrutés dans l'armée, chaque jour plus nombreuse, des sans-travail, n'auraient pas besoin de long temps. Leur supériorité numérique sur la bourgeoisie est écrasante.

Mais à notre époque de prodigieux développement scientifique, la force du nombre est peu de chose. La bourgeoisie tient le prolétariat captif par mille chaînes, non seulement par l'armée et la police recrutées dans la masse populaire, mais par les préjugés et l'ignorance, ce qui est pire que tout. Qu'est-ce que l'instruction primaire concédée au peuple et bien vite oubliée dans l'abrutissement fatal de la vie d'atelier, à côté de l'instruction supérieure accessible à la seule bourgeoisie? Les prolétaires, vis-à-vis de la classe dirigeante sont dans la situation de ces innombrables troupeaux d'Indiens qu'une poignée de *conquistadores* bien armés mettaient en déroute.

Le prolétaire a bien la conviction instinctive que « la société n'est pas juste », qu'elle est « mal organisée », mais son esprit, incapable d'une longue analyse, ne conçoit pas le remède efficace à ses maux. Il ne comprend pas, sauf une élite consciente, que le salariat, succédané du servage et de l'esclavage, est l'obstacle fatal à son émancipation ; accoutumé à la tutelle, il ne conçoit pas qu'il puisse se passer de patrons et leur substituer l'association formée par des travailleurs comme lui, entrés révolutionnairement en possession des moyens de production. Cette idée, si simple qu'elle soit, est encore trop compliquée, trop abstraite pour son cerveau. Ce qu'il se borne à réclamer, c'est l'augmentation du salaire, sans se douter que, par un effet de bascule, le prix des objets de consommations augmentera dans des conditions à peu près identiques. C'est la loi des salaires, appelée *loi d'airain* par Lassalle et formulée peut-être avec un dogmatisme trop absolu, mais qui n'en est pas moins vraie d'une façon générale.

Le prolétaire isolé serait bien impuissant à venir à bout de cette société qui l'écrase et le condamne sa vie durant au rôle de machine à produire. Par son association avec ses compagnons de classe, il est certainement en meilleure situation pour lutter contre la domination capitaliste protégée par l'Etat, gardien de l' « ordre social » ; mais cette association d'hommes qui n'ont à mettre en commun que leurs misères, tout en constituant un progrès, n'est cependant pas suffisante pour vaincre la force de l'or et la force des baïonnettes. Le syndicat ouvrier n'est pas un talisman capable de transformer instantanément le monde. Il est cependant l'instrument par lequel s'opèrent en sous-œuvre l'organisation de la société future et la désorganisation de la société capitaliste, selon ce *processus* naturel qui, avant la mort des vieux organismes, élabore les nouveaux organismes destinés à les remplacer. Par le progrès des idées révolutionnaires au sein de ces groupements économiques, créés jadis pour la simple défense des salaires, et par la centralisation des capitaux entre les mains d'une oligarchie possédante, le moment s'approche qui mettra face à face le prolétariat et cette oligarchie.

Auquel des deux adversaires demeurera la victoire dans le formidable conflit appelé à refondre la société sur une nouvelle base économique ?

Si le prolétariat n'avait que son nombre, ses misères et son ignorance à opposer à son ennemi, il serait très vraisemblablement vaincu et condamné à constituer à jamais une humanité inférieure, écrasée par une surhumanité triomphante. Mais, nous l'avons vu, les déclassés viennent apporter à ce prolétariat dans lequel ils ont été précipités le levain de leur révolte plus intense et l'appui de leur instruction supérieure.

L'esprit de révolte, justement glorifié par l'anarchiste Bakounine, un des plus profonds penseurs du XIXe siècle, a été le grand facteur de tous les progrès à travers les âges. Sans lui, les hommes subissant, résignés, leur milieu, gîteraient encore dans des cavernes, disputant péniblement leur vie aux grands fauves. La routine, l'ignorance auraient perpétué leur joug et enchaîné les pas de nos ancêtres. Mais des Prométhées ont surgi; des Colomb, des Copernic, des Harvey, des Galilée, des Fulton ont élargi l'horizon humain. Et actuellement des penseurs — nullement des rêveurs mystiques — proclament la possibilité de créer par la science une accumulation de bien être suffisante pour en saturer l'humanité et faire disparaître avec la misère les plaies morales qu'elle entraîne.

Prise de possession du sol, du sous-sol, de l'outillage, de tous les moyens de production et d'échange monopolisés par la minorité capitaliste, réorganisation du travail par les associations de producteurs librement fédérées, développement de la production, suppression du parasitisme religieux, militaire et civil, suppression des lois et codes édictés pour la défense de la société bourgeoise, destruction des barrières de castes, harmonisation des intérêts humains au lieu de la féroce concurrence, épanouissement d'une morale de liberté et de solidarité, telle est la conception du socialisme libertaire ou anarchiste.

Cette conception, si large et si haute, se matérialisera-t-elle? Sera-t-elle un beau rêve réalisé seulement en partie et, comme l'admettent nombre de penseurs même anarchistes, l'asymptote d'une courbe dont l'humanité se rapprochera indéfiniment sans jamais l'atteindre? Nul n'est à même de prophétiser à coup sûr : on peut cependant des progrès accomplis péniblement au cours des âges déduire ceux que réserve l'avenir.

Il est vraisemblable qu'une moyenne s'établira en fin de compte, après beaucoup d'oscillations, entre la société bourgeoise d'aujourd'hui et la société entrevue par l'avant-garde anarchiste du socialisme révolutionnaire. Une loi historique, mise en lumière par Kropotkine (1), montre que les révolutions peuvent être vaincues, ou plus exactement peuvent s'épuiser comme s'épuisent le cyclone et la tempête, elles n'en accomplissent pas moins leur œuvre, détruisant les institutions

(1) *L'anarchie dans l'évolution socialiste*, brochure, par P. Kropotkine.

dont la base avait été lentement sapée et donnant le mot d'ordre à la période d'évolution qui suit. La révolution française, accaparée par la bourgeoisie et muselée par Bonaparte, expire sous les baïonnettes des alliés, mais le régime représentatif subsiste en France et devient le point de mire des peuples européens ; la révolution de 1848 est noyée dans le sang du coup d'Etat, mais le vainqueur du 2 décembre est obligé de rétablir le suffrage universel mutilé par l'Assemblée ; la Commune expire dans les massacres de la Semaine Sanglante, mais l'autonomie municipale sort victorieuse de cette hécatombe : le cadavre est à terre et l'idée est debout !

La Révolution française, orientée par la bourgeoisie consciente de son intérêt de classe, dans le sens politique bien plus que dans le sens économique, vit, au bout de quelques années, le socialisme surgir avec Babeuf ; mais ce socialisme était trop précoce pour s'enraciner. Il sembla étouffé dans le sang des Egaux. Toutefois, ce sang fut pour lui une rosée féconde ; tout le XIXe siècle, par ses penseurs et ses insurgés prolétaires, a évolué vers ce but : le socialisme.

A son tour, la conception anarchiste, formulée seulement vers la fin du siècle, s'est fait une place dans le socialisme, s'affirmant de plus en plus au milieu des persécutions et des luttes. Trop jeune encore pour avoir bien pénétré les masses, elle n'en a pas moins fait un chemin considérable, répondant d'ailleurs aux besoins les plus incompressibles de l'esprit et du cœur humains ; elle aura, selon toutes vraisemblances, une part de réalisation lors de la refonte sociale, sans cependant triompher entièrement.

De temps à autre le géologue, creusant les entrailles du sol, découvre perdus dans les anciens terrains, des fossiles isolés d'animaux dont l'espèce n'est apparue définitivement que beaucoup plus tard. Ces précurseurs, ébauches plus ou moins imparfaites, ne pouvaient vivre longtemps dans un milieu qui ne leur était pas propice. Leurs petits groupes s'éteignaient, ne laissant guère de descendants. Ce n'était que bien plus tard, dans des conditions climatériques et telluriques différentes, que leurs formes, adaptées à un nouveau milieu, pouvaient reparaître et, cette fois, définitivement. On les nommait des *espèces prophétiques.*

Cette loi, que nous montre la paléontologie, se retrouve dans l'histoire des sociétés humaines. Les libres penseurs surgissent au milieu de la théocratie médiévale, les républicains au milieu de l'absolutisme monarchique, les socialistes au milieu du régime capitaliste, les anarchistes formulant l'autonomie de l'individu en face du despotisme de l'État, ont été ou sont des *espèces prophétiques.*

IV. — LA TÊTE ET LA MAIN DANS LES CLASSES SOCIALES. DÉFORMATION THORACIQUE. — CONSTATATIONS ANTHROPOMÉTRIQUES D'ALFREDO NICEFORO. SEGMENTATION OU REFONTE.

Au point de vue physique, la principale caractéristique qui différencie entre elles les races humaines est la forme de la tête (crâne et face), tandis que la principale caractéristique qui différencie les individus d'une même race est la forme de la main. Exemples : la tête allongée des Anglo-Saxons, des Espagnols, des Arabes et des Juifs ; la tête « carrée » ou plutôt ronde des Germains, des Hongrois, des Turcs, des Kalmoucks et autres groupes ethniques de souche touranienne et, parmi chacun de ces peuples, la main effilée de l'aristocrate, charnue du bourgeois, souple et fine de l'artiste, dure et « élémentaire » du travailleur manuel.

C'est surtout par la tête et la main, non moins que par le développement des membres postérieurs, que les hommes se différencient de leurs cousins-germains l'orang-outang, le chimpanzé et le gorille.

Malgré le mélange des éléments ethniques et des types, on peut dire que surtout le Blanc est dolichocéphale comme le chimpanzé dont la peau est grisâtre; le Nègre l'est également comme le gorille, son noir compatriote, tandis que le Malais, brachycéphale comme l'orang-outang, originaire des îles de la Sonde, a, ainsi que lui, l'épiderme brun-rouge. Analogies qui montrent bien la parenté de ces trois races humaines avec les trois espèces de singes anthropomorphes. La différenciation s'établit dans le nombre des circonvolutions cérébrales, sièges des facultés et des passions, nombre qui augmente prodigieusement chez l'homme. Le cerveau du singe n'est creusé que d'un nombre de sillons bien inférieur à celui que présente le cerveau humain même du type le plus arriéré.

Lorsque, à la fin du XVIIIe siècle, Gall formula sa théorie de la phrénologie, basée sur de longues années d'observations, il émettait ce principe absolument juste: le cerveau étant l'organe de l'intelligence, une corrélation doit exister forcément entre cette intelligence et la forme de ce cerveau, l'une et l'autre différentes chez les individus. Le crâne se moulant dans l'enfance assez exactement sur l'encéphale pour en reproduire la forme générale, il devenait possible de juger, par ce qu'on a appelé vulgairement les « bosses », de l'état moral de l'individu.

Cette théorie, présentée parfois avec trop de dogmatisme — ce qui est le défaut de la plupart des systèmes — eut l'honneur d'être combattue au nom de la religion et du spiritualisme avec le même acharnement qui s'attaqua plus tard aux théories darwiniennes. Elle n'en a pas moins laissé, acquise à la science, la localisation des fonctions cérébrales.

Beaucoup moins précise que la phrénologie quoique pouvant, elle aussi, dans une certaine mesure, fournir des indications, la physiognomie est venue ensuite apporter son contingent d'observations. Une fois les puérilités éliminées, il est resté admis que certains traits du visage concordent bel et bien avec certaines facultés de l'esprit; par exemple que des yeux saillants indiquent généralement une bonne mémoire, qu'une oreille délicate est signe d'une nature musicale, qu'une bouche lippue ou plissée d'une ride aux commissures des lèvres dénote la sensualité, un menton fortement carré la volonté énergique et tenace, etc. : les mouvements psychiques ont leur reflet sur la face humaine.

Ce ne fut cependant que dans la seconde moitié du XIXe siècle que la morphologie cranienne, avec les travaux des Virchow, Huxley, Carl Vogt, devint une science tout à fait positive.

Actuellement, cette science est assez développée pour nous montrer que l'identité de type tend à s'établir dans l'Europe Occidentale entre les individus de différents pays et de même situation sociale. C'est une conséquence du développement des relations internationales, qui fait fusionner les peuples *mais non les classes*.

Dans les groupements humains les plus avancés, le nombre des dents tend à décroître, la partie frontale du crâne se développant peu à peu aux dépens de la partie maxillaire.

Le cerveau du prolétaire voué depuis de longues générations à la misère et au servage, est-il, d'une façon générale, aussi développé que celui du fils et petit-fils de privilégié, affiné par une longue sélection? Il serait téméraire de répondre par l'affirmative, ce qui ne préjuge pas en rien du droit et de la possibilité du prolétaire à évoluer. Il n'est que trop facile de concevoir que chez celui-ci la monotonie de la tâche et la lutte constante contre la misère ont paralysé le développement de certaines facultés, celles de la causalité, de la généralisation, du calcul, en un mot tout ce qui est d'ordre abstrait. Le peuple est bien plus accessible aux choses concrètes, aux impressions fortes, aux images qu'aux raisonnements compliqués. Chez les descendants de privilégiés — non chez les parvenus — ces facultés, au contraire, ont été entretenues et perfectionnées par l'usage.

Cela suffit-il pour constituer un abîme infranchissable entre le cerveau du bourgeois et celui du prolétaire? Certes non. Qui donc n'a pas eu l'occasion de constater combien de fois des hommes pourvus de toutes sortes de diplômes étaient inférieurs en bon sens à des illettrés? Combien de fois des fils de privilégiés, résultats d'une longue sélection qui ne s'est jamais fortifiée par des croisements opportuns, n'apportent en naissant qu'un cerveau fatigué avant d'avoir fonctionné, tandis que celui de l'ignorant sainement constitué est souvent comparable à une page blanche sur laquelle on peut écrire beaucoup de choses. Nous nous rappelons avoir connu un fils de la campagne, naguère valet de ferme, qui, à force de méditer, avait trouvé sans maître et sans livres les principes de la trigonométrie rectiligne; mais ces Pascals plébéiens sont rares. Ce sont bien plus les sentiments que les facultés purement psychiques qui sont développés chez le peuple.

Après la tête, la main est la partie caractéristique de l'être humain. C'est aussi par le développement de la main avec la flexibilité des doigts et l'entière opposabilité du pouce, perfectionnées par l'usage, que le pithécanthrope s'est peu à peu éloigné du singe anthropo — morphe pour donner finalement naissance à l'homme. Certes, c'est une erreur de croire, comme on l'a prétendu si longtemps, que le chimpanzé, le gorille et l'orang-outang sont des quadrumanes et que, d'un autre côté, leur pouce n'est pas du tout opposable. Mais combien grossière est encore cette main avec sa paume plate, ses doigts courts, son pouce rudimentaire ! Cette main pourra saisir les branches, cueillir des fruits, étreindre un bâton; elle sera incapable de travaux compliqués. Ce ne sera qu'assouplie par l'usage, au bout d'une interminable suite de siècles, qu'elle pourra, chez le singe définitivement humanisé, de la période tertiaire, se livrer à la taille de la pierre et à de véritables travaux.

Si les disciples de Desbarolles et d'Arpentigny, au lieu d'attribuer aux planètes des influences sur les événements de la vie et d'en rechercher le présage dans les lignes de la main, s'étaient bornés à étudier la conformation de celle-ci, en relation avec le tempérament, les passions et les aptitudes, nul doute qu'ils eussent fait de la chiromancie une science positive, se rattachant naturellement à la physiologie. Mais c'est le propre de toute science, comme l'a établi Auguste Comte, de passer par des phases mystique et métaphysique avant d'arriver, épurée, à sa phase positive : c'est de l'astrologie que sort l'astronomie, de l'alchimie que sort la chimie, du magnétisme animal que sort l'hypnotisme, du spiritisme qu'est en train de sortir la psycho-dynamie ; la chiromancie, à son tour, abandonnant la devination des événements futurs, devient la chirognomonie, science exacte qui a fourni de sérieux éléments à Lombroso et aux criminalistes de la nouvelle école.

Sans parler des déformations causées par le travail manuel, il est bien certain que la main est l'indice à la fois du milieu social et du tempérament. La main large et dure du paysan ou du terrassier, avant même d'être devenue calleuse, différera sensiblement de la main aristocratique, rendue fluette par des générations d'oisiveté, de la main artistique, fine, souple et nerveuse, ou de la main charnue, parfois un peu molle, du bourgeois.

On a classé les mains en élémentaires, neutres, artistiques, psychiques, et cette énumération est sans doute bien incomplète, car rien n'est plus arbitraire qu'une classification. On distingue tout aussi bien la main martienne, saturnienne, vénusienne, jupitérienne, solaire, mercurienne, lunaire, d'après la prédominance de « monts » ou renflements de la paume, auxquels on a donné les noms de planètes.

En s'en tenant à la première classification, moins mythologique et beaucoup plus rationnelle, on constatera que la grande majorité des mains de travailleurs agricoles et de nombre d'ouvriers des villes appartiennent à la catégorie des mains élémentaires. La paume en est large, les trois grandes lignes dénommées par les chiromaciens : lignes de vie, de tête et de cœur, sont en général fortement accusées ; les autres, au contraire, à peine perceptibles ; les doigts sont gros et unis, quelquefois carrés à leur extrémité, le pouce massif.

Il ne faut pas confondre avec cette main élémentaire, dénotant une nature abrupte, celle de l'ouvrier d'industrie, qui a été rongée par les acides ou épaissie par le maniement des lourds outils. Souvent cette main d'ouvrier offre au début les principaux traits d'une main d'artiste : ce n'est que peu à peu que l'esclavage industriel la déforme, en même temps que se déssèche dans le cerveau le germe de facultés qui auraient pu faire de ce prolétaire un homme remarquable.

Nier de parti pris toute possibilité de corrélation entre le développement ou la régression du cerveau, organe générateur de la pensée, et ceux de la main, principal organe d'exécution de cette pensée, c'est nier la chose la plus naturelle. Si les impressions ressenties par la mère pendant la grossesse se transmettent au fœtus, comment dénier que les modifications latente du cerveau puissent avoir leur répercussion dans les autres organes du même individu ?

Chez les ouvriers de luxe, qui tendent à former une sorte d'aristocratie du travail, le cerveau et la main arrivent à s'affiner l'un et l'autre pour se rapprocher du cerveau et de la main de l'artiste.

Notons que par « artiste » on ne peut entendre que l'individu réellement doué et non celui qui, s'adonnant aux beaux-arts par le fait des circonstances plutôt que par suite d'une vocation, constitue un simple bourgeois, calculateur pratique, adonné à la musique ou à la peinture sans le moindre sentiment d'esthétique. Celui-ci peut s'enrichir et même exploiter le mauvais goût pour se créer momentanément une réclame, tandis que le véritable artiste mourra souvent pauvre et méconnu, il n'en demeure pas moins étranger à l'art. C'est Chapelain planant de son vivant au-dessus de Corneille et de Molière pour s'effondrer aussitôt après dans l'oubli.

Plus charnue que celle du prolétaire parce qu'elle est alimentée par un sang plus riche et n'est pas usée par le travail quotidien, la main du bourgeois est aussi caractéristique. Dans la petite bourgeoisie, elle appartient généralement au type « neutre », parfois molle, les doigts assez courts et lisses, peu de protubérances de la paume. Ce n'est ni la main pattue du manœuvre ni la main affinée de l'artiste : elle n'est plus grossière, elle est devenue vulgaire.

A mesure qu'on s'élève vers les deux classes supérieures : moyenne et haute bourgeoisies, la main acquiert un aspect plus affiné et on pourrait dire une personnalité. Elle se creuse, se bossèle, les doigts s'allongent, deviennent spatulés ou noueux.

Phénomène remarquable, on remarque le même affinement chez nombre d'individus appartenant à une classe sociale bien différente : celle des réfractaires. Chez des voleurs et des souteneurs, la main acquiert une délicatesse et parfois une blancheur que le travail continu avait fait perdre à la main ouvrière.

Ceux-là sont les malfaiteurs créés par le milieu social et qui, dans un autre milieu, deviendraient des hommes non seulement inoffensifs mais utiles et peut-être de valeur réelle.

Mais cette classe des réfractaires contient d'autres individus difficilement perfectibles, même dans un ambiant meilleur. Ce sont les malfaiteurs par atavisme, dégénérés, fils d'alcooliques, de fous ou de malades, ceux que Lombroso, avec raison, quoi qu'en aient dit les railleurs, a appelés « criminels-nés ». Chez ceux-là la main est caractéristique. Doigts difformes, pouce en bille — surtout chez les gens enclins au meurtre — c'est la patte du monstre mal caché sous l'enveloppe humaine qui apparaît.

Moins apparentes peut-être mais non moins importantes que les caractéristiques de la tête et de la main sont celles de la poitrine.

Le travailleur des champs, qui vit au grand air, et le riche bourgeois qui circule à son gré, voyage, va aux eaux, à la campagne, à la mer, fait du sport, ont le thorax bien plus développé, cela se comprend, que l'ouvrier des villes, passant ses journées dans la lourde atmosphère de l'usine et ses nuits dans un galetas trop exigu pour lui, sa femme et ses enfants, galetas où, le plus souvent, l'air et la lumière font défaut.

L'air pur, le soleil foyer de chaleur et de lumière, l'eau limpide sont les trois grands facteurs de la vie, la véritable trinité bienfaisante par laquelle se conservent ou renaissent les énergies physiques et morales Malheureusement ce n'est pas pour tous les humains qu'ils soufflent, brillent et coulent.

Les soins d'hygiène ne font que trop défaut à la classe ouvrière. Bien qu'elle ait accompli quelques progrès sous ce rapport et que l'eau soit aujourd'hui à la portée du plus grand nombre, le temps est trop limité aux esclaves de l'atelier pour qu'ils consacrent de longs moments aux ablutions totales nécessaires. « Et puis, à quoi bon ? pensent-ils en se lavant superficiellement la figure et les mains; dans quelques instants nous serons suants, poudreux, blanchis par le plâtre ou noircis par la fumée. La toilette est pour nous un luxe inutile. ».

Chez nombre d'ouvrières la coquetterie, qui semble pourtant innée en la femme, n'est même plus un stimulant salutaire. Etre coquettes ! Pour qui ? Pour l'homme au bourgeron crasseux, qui sent le tabac et l'acool. Et alors les unes, se laissant aller, se résignent à la vie de bêtes de somme malpropres; les autres, rêvassant de héros de roman et avides de sortir de leur cage, se laissent facilement séduire par des demi-bourgeois qui les abandonnent neuf fois sur dix, leur caprice satisfait.

Courbée sur son travail dérisoirement rémunéré ou esclave de son ménage, le plus souvent flétrie et déformée prématurément par les couches successives et les longs allaitements, la femme du peuple perd bien vite les attraits de la jeunesse. En général à trente ans elle n'a plus d'âge, sa poitrine se déforme, sa taille s'épaissit, les seins pendent épuisés. La jeune fille, si on peut la comparer à une figure géométrique, offrait avec ses épaules plus larges que la taille l'image d'un cône en équilibre sur sa pointe; femme et mère, avec son bassin démesurément élargi, dans lequel la poitrine semble s'être vidée, elle présente la même figure renversée.

En France principalement l'habitude de vivre dans des lieux renfermés est tellement prise par la plus grande partie de la population urbaine (non seulement des prolétaires mais encore des petits bourgeois) qu'on la voit fuir peureusement le moindre courant d'air. C'est un spectacle qu'on peut remarquer en tramway ou en wagon que celui de voyageurs se hâtant de fermer toutes ouvertures à moins que la température ne soit réellement torride; ils semblent se complaire à respirer une atmosphère lourde, malodorante, chargée de microbes.

Les poumons finissent par s'atrophier en s'adaptant au manque d'air et aux exhalaisons méphitiques. Il s'adaptent, seulement il en résulte des générations rabougries et maladives au physique comme au moral, générations prédisposées à l'anémie et à la tuberculose.

La mort y fauche largement.

A la troisième génération, ce qui était chez les parents résultat accidentel et remédiable sera devenu défectuosité héréditaire : le type microthoracique sera fixé.

Le professeur italien, Alfredo Niceforo, a fait des constatations anthropométriques douloureusement éloquentes sur 2.147 enfants divisés en deux groupes : enfants de parents riches ou aisés et enfants de prolétaires. Voici les chiffres qu'il a trouvés :

		Enfants de bourgeois,	*Enfants de prolétaires.*
		—	—
Taille à 14 ans		$1^{m},50$	$1^{m},46$
Poids.	Garçons de 14 ans	$40^{k},500$	$37^{k},800$
	Filles —	$44^{k},900$	$41^{k},700$
Puissance de respiration		7,100	6,500
Périmètre du thorax		69,600	66,600
Force musculaire		24,800	23,300

Mesure de résistance : à partir de dix coups au dynamomètre la différence est de 12,7, l'enfant pauvre n'ayant pas de réserves.

Mêmes constatations en ce qui concerne la capacité crânienne, la sensibilité tactile ou tout autre caractère physique.

Dans son ouvrage *les Classes pauvres*, Alfredo Niceforo constate donc l'infériorité physique des ouvriers. A quoi tient cette infériorité ? A la mauvaise alimentation, à l'usure du travail chez l'homme et surtout chez la femme, au manque d'hygiène dans une vie partagée entre l'usine malsaine et le taudis infect, à la nature des seules distractions mises à la portée des prolétaires et dont découlent l'alcoolisme, la syphilis et la tuberculose.

On doit la vérité à tous, aux déshérités comme aux autres, on pourrait dire plus qu'aux autres, car c'est en leur montrant, sans fard, sans ménagements, la situation matérielle et morale dans laquelle ils croupissent qu'on peut éveiller en eux l'esprit de révolte contre leur milieu et l'effort indispensable pour briser ce milieu. Depuis son avènement sous le Directoire, la classe régnante a laissé la plèbe dans un insondable abîme de misère et d'ignorance. « Il faut une religion pour le peuple », disaient avec un cynisme impudent les bourgeois voltairiens qui raillaient entre eux les bourdes de la mythologie chrétienne tout en se mariant à l'église afin de « donner l'exemple » à la vile multitude. En maintenant cette multitude dans la croyance d'une réparation posthume, on l'empêchait de revendiquer son droit au bonheur dans le monde présent. « Mon peuple n'a pas besoin de penser », disait un roi des Deux-Siciles; cet idéal : un peuple qui ne pense pas, a été celui de tous les gouvernements de classe ou d'individu.

A leur tour, les démocrates, les uns par mysticisme, les autres par calcul d'arrivisme, sont venus aduler le peuple, lui vanter sa force, sa clairvoyance, sa magnanimité, sa grandeur. De même qu'on proclamait hypocritement la souveraineté et la gloire du travail, en réalité écrasement du producteur au profit de ses maîtres économiques, on lui vantait aussi son courage et son intelligence, alors qu'il demeurait un misérable esclave.

L'épopée de la Révolution française servait de thème inépuisable à ceux qui remplaçaient toute analyse, toute recherche laborieuse de la vérité par de grands mots, passés à l'état de clichés, et de fortes images. Au lieu de reconnaître que ces mouvements révolutionnaires montraient surtout l'initiative d'une minorité d'avant-garde faisant vibrer et entraînant la masse, avec le concours des événements, à certains instants psychologiques, on glorifia la masse en grand en lui prêtant une sorte d'âme commune, permanente, faite d'abnégation, d'héroïsme et de génie.

La vérité est autre : la vérité est que la masse comprend tous les éléments, les plus purs comme les plus abjects, les héros magnanimes comme les fauves lâches et féroces.

Chacun de ces éléments, fruit de son milieu et de l'atavisme, peut, à l'heure fatidique où se rompent violemment les vieux cadres, exercer une action sur ceux qui l'entourent. C'est de là que viennent les scènes si changeantes, si contradictoires des révolutions : tantôt sublimes ou généreuses jusqu'à la folie, tantôt féroces ou grotesques.

On peut dire ces choses et on doit les dire sans pour cela prétendre justifier au nom des lois naturelles et de la science l'asservissement de la plus grande partie de l'humanité par les minorités privilégiées. Ces minorités, d'ailleurs, elles aussi, ont leurs tares et si l'excès de privations et de travail entraîne fatalement chez les deshérités une misère morale et physique qui, à moins d'une révolution profonde, consacrera la dégénérescence des prolétaires, les riches dégénèrent souvent aussi par l'excès des jouissances. Les cas pathologiques se présentent dans les deux classes.

Seulement, il est évident qu'ils doivent être plus nombreux dans le prolétariat. Non seulement, raison péremptoire, parce que celui-ci forme la grande masse (il faut à peu près dix prolétaires pour créer par leur travail un bourgeois aisé et vingt pour créer un vrai riche), mais aussi parce qu'il est plus facile de s'abstenir d'excès quand on possède que de satisfaire ses besoins quand on manque de tout.

La différenciation anthropologique, non pas superficielle comme celle de la taille, de la forme du nez et de la couleur des yeux ou des cheveux, mais profonde, affectant les principaux organes mêmes, qui se crée ainsi entre la classe riche et la classe pauvre, constitue un problème des plus poignants. Car on ne peut méconnaître que cette différenciation se continuant et s'accentuant de plus en plus amènerait forcément à la longue la segmentation de l'humanité en espèces irrémédiablement séparées, beaucoup plus ennemies que ne le sont Français et Allemands, Européens et Chinois.

Si une diversité de goûts, d'idées et de formes est à la fois utile au progrès et agréable au point de vue esthétique, par contre, une diversité qui s'exprimerait par l'impossibilité absolue de se comprendre, l'irréductible antagonisme et la lutte à mort seraient lamentables. Cette séparation définitive entre des tronçons d'humanité évoluant en sens différents, les uns dans le bien-être et la lumière du savoir, les autres dans la misère et les ténèbres de l'ignorance, cette séparation qui pourrait recréer les luttes féroces de l'âge de pierre et les grandes exterminations antiques, peut encore être empêchée par une refonte sociale. Peut-être dans un siècle, au train vertigineux dont s'accentuent les caractéristiques de classes, serait-il trop tard.

En dépit du mot menteur « d'égalité » inscrit sur les murs, la différence est incontestablement plus grande entre le haut bourgeois employant le téléphone et le télégraphe, voyageant en automobile, en chemin de fer, bientôt en aéronef, et l'ouvrier menant encore à l'aube du xxe siècle, une vie de bête de somme, qu'entre le patricien et l'esclave de l'antiquité. Parfois cet esclave était plus instruit que son maître, tandis qu'aujourd'hui les branches du savoir étant devenues innombrables et innombrablement compliquées, il faut pour s'en assimiler une certaine somme, un temps et des ressources que ne possède point le prolétaire, ainsi condamné à croupir dans l'ignorance.

Cette refonte sans laquelle une partie de l'humanité, évoluant vertigineusement vers le type surhomme, périrait peut-être par pléthore cérébrale, tension de nerfs ou vie surchauffée, tandis que la partie asservie et ignorante rétrograderait vers l'animalité — une animalité viciée! — cette refonte, ou fusion des individus et destruction des classes, comment pourra-t-elle s'accomplir?

Ce ne sera certainement pas la bourgeoisie qui ira se mêler au peuple dont tout la sépare, non seulement la situation économique mais les idées, les habitudes, les goûts. Comme, d'autre part, ce n'est pas ce peuple abaissé, manquant de moyens et de lumières, qui peut s'élever jusqu'à ses maîtres, il en résulte que la fusion ne peut s'opérer que *catastrophiquement*, c'est-à-dire par suite d'une révolution sociale.

Révolution sociale, ces deux mots sonnent d'une façon terrible aux oreilles des personnes timorées; amies du *statu quo!* Mais si dramatiques que puissent être son cadre et son décor, une révolution sociale serait hautement humanitaire. Même en ses périodes les plus houleuses, elle serait plus saine qu'un état de choses baptisé *ordre* et *paix* où des millions de créatures sont écrasées par le sur-travail, la misère, la faim et tous les maux qui en découlent; d'autre part la fusion qui en résulterait préviendrait une longue période de luttes sanglantes et permettrait l'essor d'une humanité purifiée de ses vieilles tares

V. — LA RÉVOLUTION SOCIALE.

A toutes époques l'autorité et l'exploitation ont provoqué par une réaction naturelle des révoltes plus ou moins énergiques. Le plus souvent ces révoltes écrasées laissaient derrière elles un invisible ferment qui courait dans tous les esprits et, le moment venu, déterminait une commotion telle que la vieille société s'ébranlait sur sa base et finissait par s'effondrer.

Les deux plus grands mouvements sociaux de l'antiquité qui nous soient réellement connus, le christianisme et le bouddhisme (car on sait peu de choses sur les révolutions nombreuses et profondes de la Chine), accomplis au nom de la liberté individuelle et de l'égalité sociale, étaient la résultante d'une foule de révoltes antérieures. « N'appelez personne votre maître ! » proclamait Juda le Gaulonite, prédécesseur de Jean Baptiste et de Jésus. « Plus de castes » prêchaient les disciples de Çakya-Mouni. Mais tandis que le bouddhisme, vaincu dans l'Inde, refluait sur l'Extrême-Orient et allait s'y déformer, l'état de l'empire romain, auquel faisaient défaut l'imprimerie, la vapeur et l'électricité, véhicules de la pensée, ne permit pas au mouvement chrétien de conserver son allure sociale et révolutionnaire. Tous les ergoteurs, mystiques et ignorants d'Europe et d'Asie vinrent le sophistiquer à qui mieux mieux et, au lieu d'une refonte du vieux monde, abolissant les distinctions de maître et d'esclave, on eut une nouvelle religion démente et douceâtre, plus tard férocement intolérante, reléguant la révolution sociale à la fin du monde (1), prêchant en attendant cette échéance la résignation aux opprimés et venant river leurs fers. Sans les invasions successives des Barbares, qui opérèrent des fusions terribles mais éphémères, les vieilles castes : patriciens, affranchis, plébéiens et esclaves, fussent restées debout. Elles sombrèrent dans la débâcle de l'empire romain mais pour se reconstituer plus ou moins sous d'autres noms dans le monde féodal dominé par l'Église.

La réforme fut une autre grande révolution sociale, car elle ne se limite pas à Luther, Calvin et Henri VIII. Précédée par les critiques d'abord timides de théologiens tels que Bérenger, puis par les révoltes d'esprits

(1) Le Jugement dernier n'est que la révolution sociale ajournée par les évêques opportunisés, qui n'osaient plus prêcher la révolte et voulaient encore ménager leurs crédules ouailles.

plus audacieux, elle eut pour prologue le supplice de Jean Huss et le soulèvement des paysans de Bohême criant avec Ziska : « La coupe au peuple! » cri profond, d'un sens social bien plus encore qu'eucharistique! Cet ébranlement des masses plébéiennes en préparait un autre nettement communiste révolutionnaire : celui des paysans anabaptistes qui épouvanta Luther, simple réformateur religieux, ami des princes allemands et parfaitement indifférent au sort du peuple. A ce moment, l'Europe occidentale était en travail de transformation. L'Espagne elle-même, au lendemain de la reconquête, semblait tressaillir à un souffle de liberté : c'était le bouillonnement intellectuel de ses libres penseurs, d'Alcala et de Séville, en même temps que la révolte démocratique de ses *comuneros*. Mais ce courant social, succédant à des siècles d'écrasement féodal, était encore trop faible, se heurtait à trop d'obstacles pour triompher, et les comuneros de Padilla, succombèrent à peu près à la même époque où les anabaptistes de Munzer succombèrent à Frankenhausen. En Suisse, Zwingle, réformateur radical, intermédiaire entre Luther et les anabaptistes, était vaincu et tué : son rêve de démocratie chrétienne allait faire place à l'Église despotique et farouche de Calvin.

Après avoir bondi jusqu'à la république populaire et au communisme anarchiste, la réforme perdait ainsi le terrain social pour se limiter à la lutte confessionnelle. Néanmoins, la question religieuse créait forcément une question politique : en France la royauté allait être mise en question; une république, la Hollande, allait surgir, en attendant la république régicide d'Angleterre, où, au milieu des disputes théologiques, allaient reparaître les révolutionnaires sociaux (1).

Beaucoup plus profonde que la réforme fut la Révolution française. Elle ne s'attaqua pas seulement aux dogmes absolutistes mais aussi à la propriété foncière, base de la société d'alors. Que cette propriété eût été vraiment nationalisée au lieu d'être accaparée par la bourgeoisie, et la refonte se faisait complète. Les temps ne le permirent pas : la bourgeoisie, qui attendait depuis des siècles son tour de devenir classe dominante, était là, impatiente, avide à la curée et, en face des souverains menaçants, l'Assemblée législative avait besoin d'argent. La masse immense des sans-le-sou, qui avait été entraînée à la révolution, se vit évincée aussitôt que les bourgeois arrivés aux affaires n'eurent plus besoin d'elle. Tout ce qu'elle gagna fut l'honneur de verser son sang sur les champs de bataille et d'échanger le servage de la glèbe contre le salariat industriel.

En dépit de la formule ironique « égalité », la société au lendemain de la révolution se retrouvait donc divisée en castes : la noblesse qui allait revenir et, en partie déracinée, se mélanger lentement à la bourgeoisie, son expropriatrice; cette bourgeoisie, devenue classe possédante et prépondérante, appelée par le développement

(1) Les *levellers* ou niveleurs.

industriel et les concurrences économiques à se scinder à son tour en haute, moyenne et petite bourgeoisies; enfin le prolétariat, condamné par sa misère et son ignorance à former de ses entrailles ces deux autres classes : celle des mendiants, comprenant tous les déchets sociaux — trop faibles ou paresseux pour travailler, trop lâches pour se risquer au vol extra-légal — et celle des réfractaires farouches, préférant la prison à l'atelier, ou incapables, pour cause de dégénérescence physiologique, de devenir autre chose que des délinquants.

Rien ne fut comparable à l'âpreté de la bourgeoisie, singeant avec lourdeur dès le Directoire les allures des anciens nobles, rien, si ce n'est la misère du prolétariat, livré au nom de la liberté du travail à une exploitation effrénée et n'ayant même plus pour se défendre les anciennes corporations de métiers qui, si archaïques et autoritaires fussent-elles, pouvaient toujours lui fournir un point d'appui. Tandis que, devenue la partie directrice de la société française, la bourgeoisie remplaçait tout idéal ou tout sentiment par cette pensée fixe : « faire des affaires », pensée que Guizot devait si tranquillement exprimer dans son fameux : « Enrichissez-vous! » le prolétariat n'avait qu'entrevu comme un rêve lumineux les espoirs d'affranchissement que la révolution avait fait naître; puis il était retombé dans le plus sombre abîme. La découverte de la vapeur faisait surgir la grande industrie et achevait de bouleverser le monde. Accourant des campagnes dans les villes, à la recherche d'un travail qui pût les faire manger tous les jours, les prolétaires se trouvaient dans le bagne patronal plus esclaves que ne l'avaient été les anciens serfs, alors cependant que les apologistes de la bourgeoisie parlaient pompeusement de liberté politique, d'égalité devant la loi, d'immortels principes et de droits de l'homme.

Posé par la conspiration et le supplice de Babeuf, le problème social fut successivement abordé par les penseurs du XIXe siècle : Saint-Simon, Fourier, Enfantin, Cabet, Owen, Considérant, Pierre Leroux, Proud'hon, Karl Marx, Blanqui, Bakounine. En même temps, éclataient les révoltes de la faim et du désespoir ; des grèves presque toujours écrasées, puis deux grands batailles : Lyon 1831 et juin 1848.

Bien que l'insurrection du 18 mars 1871 ait été, à son origine, politique et patriotique beaucoup plus que sociale, elle doit être rattachée au mouvement prolétarien du siècle, car elle vit, dès le début, s'affirmer les antagonismes de classes. Les quelques bourgeois égarés dans le Conseil de la Commune au milieu des internationalistes et des blanquistes ne tardèrent pas à s'en apercevoir et à se retirer. Et, en effet, si la plupart des insurgés qui ne combattaient pas uniquement pour la solde quotidienne de trente sous, luttaient pour « conserver la république », sans se demander dans leur illuminisme ignorant ce que serait cette république, d'autres, proud'honiens ou collectivistes, rêvaient, en même temps que l'autonomie communale, une transformation économique. La Commune eut la timidité extraordinaire de n'oser pas mettre la main sur la Banque de France, mais le décret expropriant les industriels en fuite au profit de leurs ouvriers est une indication. Comme l'a relevé Lissagaray (1), ce décret, si incomplet soit-il, contient le germe de cette expropriation capitaliste qui sera le principal objectif de la révolution sociale.

Au moment de la Commune, il n'existait en France qu'un petit nombre de socialistes sans action sur la masse. Aujourd'hui les choses sont bien changées : les idées se sont développées, précisées et, quoique le plus grand nombre de ceux qui se disent socialistes soient simplement des électeurs votant par confiance ou sympathie pour le candidat de cette opinion, il n'en existe pas moins des états-majors et des cadres, tandis que les syndicats ouvriers forment tout naturellement les bataillons réguliers de l'armée prolétarienne.

Il est donc permis de croire que lors de la prochaine grande crise en France, les socialistes, ayant en avant-garde les anarchistes, seront assez forts pour orienter la révolution économique et ouvrir la liquidation du régime capitaliste.

La bataille de Lyon 1831 a été perdue par le prolétariat en deux jours.

Celle de juin 1848 a été disputée bien plus terriblement pendant près d'une semaine.

La Commune a résisté pendant plus de deux mois.

On voit que ces vagues successives de la marée sociale suivent une loi de progression croissante. Elles ont une intensité et une durée de plus en plus fortes; on peut en

---

(1) *Histoire de la Commune de 1871*, par Lissagaray.

conclure mathématiquement que la prochaine sera plus forte encore que toutes les précédentes.

Il est certain, d'autre part, qu'une révolution sociale, c'est-à-dire économique, avant tout, et morale, ne se limitera pas à un seul pays. Les intérêts capitalistes sont aujourd'hui trop enchevêtrés de nation à nation et la véhiculation des idées est trop rapide pour que ce soit possible.

On n'a qu'à constater ce que fut la révolution de 1848, simultanée ou répercutée en France, en Allemagne, en Italie, en Autriche, en Hongrie, et en Espagne pour en conclure ce que pourra être la révolution sociale européenne. Que cette révolution ait son premier foyer en France, en Allemagne ou en Russie, elle ne pourra moins faire que d'embraser les pays voisins. L'Angleterre seule, protégée par sa situation géographique et l'état moral de ses masses, demeurera en arrière, peut-être au moins d'une génération (1).

Ce sera un bouillonnement et une tempête de plusieurs années, comme toutes les révolutions sociales; car si trois jours suffisent pour renverser un gouvernement, il faut un peu plus longtemps pour transformer, même partiellement, une société.

Cette liquidation du régime capitaliste est inévitable parce qu'elle est la résultante de tout le travail évolutif

(1) Et l'Angleterre elle-même vient de montrer, par les élections générales de 1906, qu'elle était travaillée par un courant de démocratie ouvrière.

et révolutionnaire du XIXe siècle. Elle aura vraisemblablement des phases très violentes parce que les privilégiés ne se laissent jamais déposséder de bon gré et que les véritables révolutions ne sont jamais tirées au cordeau. Il est tout à fait hors de saison de parler, comme le font certains fraternitaires optimistes, d'une nouvelle nuit du 4 août. Le 4 août 1789 vit la noblesse française abandonner ses privilèges parce que l'insurrection parisienne du 14 juillet et le soulèvement des campagnes les lui avaient déjà arrachés.

Mais vaincre n'est pas tout; si l'évolution économique, le travail des idées révolutionnaires au sein des groupements ouvriers et de l'armée, à qui, au moment psychologique, appartiendra le rôle décisif, montre l'échéance fatale à laquelle sera acculée la bourgoisie capitaliste, on peut se demander si le prolétariat aura les lumières et la force nécessaires pour profiter de sa victoire.

Le prolétariat n'aura pas seulement à lutter contre la haute classe dont la dépossession apparaît fatale : il aura aussi à lutter contre la petite bourgeoisie et contre lui-même.

Contre la petite bourgeoisie qui se mêlera à lui pour renverser les détenteurs du grand capital, mais qui s'efforcera aussitôt d'accaparer leurs dépouilles et de réorganiser la société à son avantage exclusif en perpétuant le salariat peut-être sous d'autres formes.

Contre lui-même qui, ignorant, inexpérimenté, aura à éviter ces deux écueils : à droite le timide modérantisme, à gauche l'illuminisme révolutionnaire.

Le modérantisme, car si le prolétariat ne sait pas, à l'instar de la bourgeoisie de 1789, « couper le câble » (1) qui le lie au passé, s'il hésite, selon le mot profond de Blanqui, « à goûter dans les vingt-quatre heures les fruits de la révolution », la masse retombera bientôt dans sa torpeur résignée. Alors les débris de la haute classe, momentanément vaincue, tenteront un retour offensif avec chances de succès ou, à défaut, s'entendront avec la petite bourgeoisie pour arrêter, puis faire refluer le cours de la révolution.

L'illuminisme révolutionnaire, car dans la formidable dislocation d'une société, les difficultés soudaines, les complications fatales, les luttes acharnées, il faudra aux prolétaires autant de netteté de vision et de connaissance que d'énergie. Il leur faudra non de grands mots, des phrases sonores ou des déclarations de principes, mais des solutions pratiques, immédiatement applicables.

Or, on ne peut méconnaître que la plupart des leaders socialistes, parmi lesquels des hommes de grande valeur, effrayés de l'approche de la tourmente sociale et de l'intensité qu'elle pourra avoir, ont abandonné le terrain de la révolution économique pour celui de la simple politique réformiste. Ils sont aujourd'hui les chefs bien plus de la petite bourgeoisie radicale que du pro-

(1) Le mot est de Sieyès, le théoricien de la révolution de 1789.

létariat dont ils chercheront peut-être à modérer l'élan alors qu'il faudrait, au contraire, le précipiter.

D'autre part, dans l'avant-garde sociale elle-même, c'est-à-dire chez les anarchistes, règne un grand fond de mysticisme qu'on retrouve chez les révolutionnaires de toutes époques. Beaucoup, qui se croient de bonne foi des matérialistes et des athées, considèrent la révolution comme une sorte de personne vivante, douée d'une force intrinsèque, qui opérera des miracles, et l'anarchie comme une divinité dont l'apparition établira en un instant l'harmonie dans le monde. État d'esprit qui s'explique par l'atavisme ou le besoin invincible d'espérer et qui peut, comme chez tous les fanatiques, exalter les courages, mais qui n'en est pas moins pernicieux en ce sens qu'il détourne de l'étude des solutions sérieuses.

Car si les chefs socialistes se montrent enclins au modérantisme plus qu'il ne conviendrait à des hommes devant opérer la liquidation du monde capitaliste, ce que nombre d'anarchistes appellent « étudier » c'est simplement s'adonner à des discussions rappelant les disputes scolastiques du moyen âge. Ils oublient ou ignorent le monde vivant au point de méconnaître la répercussion des événements politiques sur les phénomènes économiques, et même de confondre deux choses distinctes comme *politique* et *parlementarisme.*

Il est donc facile de voir que si les phénomènes économiques et le travail des idées mènent inévitablement à la dissociation de la société capitaliste et des rouages de l'État qui la défendent, on se trouve dans l'impossibilité de prophétiser avec certitude sur le lendemain de la révolution. Il peut, après des oscillations formidables, en sortir soit un replâtrage du régime actuel soit le socialisme d'État recréant une hiérarchie, soit le socialisme libertaire ou anarchiste par la libre fédération des groupements producteurs.

Dans le premier cas, c'est le maintien effectif des castes et des inégalités, lesquelles iront s'aggravant jusqu'à ce que le prolétariat, sevré de sang et de sève, privé de toute force évolutive, soit refoulé définitive-en dehors de l'humanité.

Dans le second cas, c'est pour la masse du peuple une période de bien-être relatif sans liberté, menant soit à la somnolence intellectuelle du plus grand nombre, régenté par les fonctionnaires de l'État socialiste, soit à une révolte anti-étatiste.

Dans le troisième cas, c'est sinon l'absolu, la perfection idéale, qu'il serait insensé d'espérer, du moins la réalisation du plus large régime social possible : une fédération économique substituée aux rouages oppressif de l'État capitaliste, l'équivalence des fonctions remplaçant les hiérarchies génératrices d'orgueil, de jalousie, de servilisme, et de haine, la fin des armées et de tout parasitisme, toutes les activités appliquées à la production, l'affranchissement moral par la suppression complète des codes édictés pour la défense de l'Etat capitaliste, la fin des crimes et délits causés par la misère, une thérapeutique intelligente appliquée à la guérison des criminels par atavisme ou dégénérescence.

Telles sont les trois routes qui, selon toutes vraisemblances, s'ouvriront devant les peuples au lendemain, ou plutôt dès le jour même, de la liquidation sociale.

VI. — QUELQUES LOIS HISTORIQUES. — VISION SYNTHÉTIQUE DE LA RÉVOLUTION SOCIALE. — DEUX TYPES ANTAGONIQUES.

Au delà de l'inévitable révolution, appelée à briser le moule des institutions contemporaines, on ne peut entrevoir l'avenir que de la façon la plus confuse et seulement dans ses grandes lignes, car les lois naturelles qui président à la vie et à la transformation des sociétés sont à peine connues. On peut même affirmer que jamais elles n'ont été formulées avec la précision mathématique des lois physiques ou chimiques.

C'est que ces dernières peuvent être, à tout moment, vérifiées de façon directe par l'expérimentation, tandis que les lois historiques ne peuvent se déduire que de l'observation.

Lorsque, en comparant un certain nombre de faits analogues, on les voit produire des résultats identiques, on est bien amené à dégager de cette identité une loi historique.

Pourtant cette identité n'est jamais absolue par suite des différences de temps et de milieux.

Les lois historiques présentant un caractère de certitude sont donc assez rares.

Examinons-en quelques-unes :

A tout moment, nous pouvons remarquer que lorsque dans un milieu paraît un individu doué d'activité ou de facultés supérieures, par attraction naturelle il se forme autour de lui un groupement. C'est un phénomène si universel qu'il est inutile de citer des exemples. Conclusion : *les partis, tout comme l'embryon humain, se forment par la tête.*

Les sociétés étant des individus collectifs, on peut étendre cette loi du particulier au général et conclure :

Lorsque dans une agglomération, sociale ou nationale, paraît un parti supérieur aux autres partis ou à la masse amorphe par son activité et ses idées, il devient un centre d'attraction qui déplace les éléments ambiants et en groupe une portion.

Exemple en France : les Huguenots sous les Valois ; les constitutionnalistes en 1789 ; les républicains en 1792, puis sous les règnes de Louis-Philippe et de Napoléon III ; les socialistes sous la troisième République, les anarchistes au sein de la masse socialiste.

Par les phénomènes marquant la formation et la fin des Etats, on peut constater une période d'agglomération et de concentration analogues à celles de la matière cosmique condensant ses invisibles atomes pour en former des mondes : la force centripète l'emporte alors sur la force centrifuge. C'est ainsi qu'on voit successivement les familles se réunir en clans, les clans constituer la tribu chez les nomades et la cité chez les sédentaires, le groupement devenir ensuite, de communal, régional, puis national, entrer actuellement dans la phase raciste. Puis, à de certaines périodes, le phénomène inverse, la désagrégation en unités qui tendent à avoir chacune leur vie propre, en attendant de se refondre dans des combinaisons nouvelles. On peut donc en déduire cette double loi :

Les groupements humains, ainsi que les atomes de la matière inorganique, sont soumis à la force centripète et à la force centrifuge. Quand la première l'emporte, il y a attraction et absorption des petits groupements par les grands, tendance à l'unification. Dans le cas contraire, les groupements se disloquent en parties autonomes

Comme exemples on peut citer la formation et la décomposition des grands empires de l'antiquité ; dans les temps modernes l'unification politique de l'Espagne, la France, l'Allemagne et l'Italie ; au point de vue économique, la concentration capitaliste mise en lumière par Karl Marx.

Si on étudie les révolutions profondes, c'est-à-dire sociales, on reconnaît qu'elles paraissent soumises à une loi d'oscillations analogues à celles du pendule. L'action implique la réaction ; la terreur rouge appelle la terreur blanche, et l'on pourrait en conclure : *tout excès dans un sens amène un excès en sens contraire.*

Cependant, ce serait une erreur de croire qu'une révolution se termine par un retour pur et simple au passé. 1815 n'a pu ramener la société française à l'état d'avant 1789 ; la forme républicaine avait péri, mais l'absolutisme monarchique également. Le 2 décembre a, de même, abattu la République, mais consacré la chute du régime censitaire. Et l'on pourrait multiplier les exemples à l'infini. On peut donc admettre que *toute révolution contient une part de réalisation, plus le germe d'une révolution ultérieure.*

Il a fallu à la monarchie française sept siècles pour absorber la noblesse féodale dont elle-même était sortie. Moins d'un siècle et demi s'écoula de cet apogée, atteint sous Louis XIV jusqu'à la chute. La bourgeoisie, née du mouvement des communes, au XII° siècle, et qui marqua son entrée sur la scène politique par la tentative avortée d'Etienne Marcel, mit, de 1356 à 1789, près de quatre siècles et demi, à conquérir le pouvoir. A son tour, le prolétariat industriel, surgi et développé en cent et quelques années, se présente pour exproprier la classe capitaliste : c'est le quatrième Etat, poussé lui-même par les irréguliers du travail et de la misère, formant comme un cinquième Etat, immense et amorphe.

Il est donc facile de constater que la durée des évolutions sociales augmente ou diminue selon les époques ou les milieux et qu'une classe n'arrive à supplanter la classe supérieure que lorsqu'elle est elle-même poussée par une autre classe qui lui est inférieure.

Les lois physiques de rayonnement, vitesse, endosmose et exosmose, tendance à l'équilibre, etc., régissent donc les êtres organisés et les êtres collectifs tout comme les corps inorganiques. Le déterminisme étant universel, il s'ensuit que, si l'esprit humain pouvait embrasser tout ce qui est, il pourrait aussi, avec une précision mathématique, en déduire tout ce qui sera. Mais le cerveau le plus puissant étant incapable d'entrevoir plus qu'un nombre très limité de faits, il est clair que l'équation rigoureusement exacte se trouvera remplacée par un calcul de probabilités : il ne peut y avoir certitude absolue, mais approximation.

En partant de ces données, nous pouvons conclure :

La classe dominante (féodalité capitaliste), défendue par la moyenne bourgeoisie, mais destinée à avoir contre elle, outre le prolétariat, la petite bourgeoisie, refoulée de plus en plus vers ce prolétariat par le mouvement des capitaux, est destinée à passer par les mêmes phases de centralisation et d'écroulement que la monarchie et la féodalité nobiliaire.

Ce phénomène, qui s'accomplit actuellement d'une façon continue mais latente, peut se précipiter sous l'action de causes extérieures : c'est le choc venant du dehors libérer le poussin en brisant la coquille que son bec ne pouvait percer.

Certaines révolutions (en France, celles de 1789, 1830 et 1848) se sont accomplies sous l'influence de causes intérieures — locales ou nationales. D'autres, au contraire, comme celles du 4 septembre 1870 et du 18 mars 1871, se sont produites sous l'influence de cette cause extérieure : la guerre.

A notre époque où la politique pure a cessé de passionner les masses désabusées et avides avant tout de bien-être matériel, trois faits paraissent de nature à ouvrir une issue au débordement révolutionnaire. Ce sont : la banqueroute, la grève et la guerre.

La première de ces éventualités paraît la plus incertaine, du moins une banqueroute d'Etat, car s'il est vrai que le fonctionnarisme parasitaire et surtout le régime de paix armée concourent à creuser un gouffre dans les finances, néanmoins la société capitaliste a su jusqu'ici le combler grâce au travail des producteurs. Elle pourrait encore trouver bien des expédients : emprunts, conversions, etc. Une banqueroute d'un grand établissement de crédit est néanmoins dans l'ordre des possibilités ; les conséquences seraient graves, car elle entraînerait forcément des arrêts d'industries, des chômages, des grèves et mettrait en mouvement une partie de la bourgeoisie et le prolétariat. Mais ces deux classes ont des intérêts trop contradictoires pour qu'une action commune de longue haleine leur soit possible.

Une grève formidable, sinon générale du moins tendant à se généraliser, est plus probable. Elle répond à la tactique d'une élite prolétarienne consciente cherchant enfin à orienter et déterminer les événements à son profit au lieu de s'en remettre, les bras croisés, à l'aveugle hasard et de vivre dans les espoirs messianiques. Elle pose la question sociale sur son véritable terrain : la révolte du salariat contre le capital, la transformation économique. Ce n'est pas là toute la question sociale, mais c'en est la base.

La grève générale offre cet avantage là au prolétariat. D'autre part, elle a contre elle la haute bourgeoisie dès le début, la moyenne et la petite bourgeoisie ensuite, dès que celles-ci se sont aperçues que le mouvement tend non à une réduction d'heures de travail mais à la suppression pure et simple du salariat, à l'indépendance et l'égalité économiques, qui ne peuvent s'opérer que révolutionnairement par la prise de possession des moyens de production (sol, mines, outillage, etc.). Aussi semblable mouvement ne peut-il réussir qu'à la condition essentielle d'avoir été précédé d'une période de propagande dans l'armée et plus encore parmi les adolescents, fils de prolétaires, appelés à partir bientôt à la caserne.

L'entrée des révolutionnaires dans les syndicats ouvriers d'où ils ont éliminé les politiciens qui cherchaient surtout à y recruter une clientèle électorale, a exercé une influence capitale sur ces groupements auparavant confinés dans la défense des salaires et le culte étroit d'une légalité qui les écrase. L'ouverture des Bourses du Travail a donné des foyers et des centres de ralliement à la révolution prolétarienne. C'est en France que ces foyers sont le plus nombreux et que l'esprit des groupements ouvriers est le plus révolutionnaire : c'est donc vraisemblablement de France que partira pour s'étendre dans toute l'Europe la révolution prolétarienne.

Quant à la guerre, elle peut certainement, étant donnés le mouvement des idées et l'état de développement des prolétariats européens, déterminer chez le peuple vaincu une révolution sociale (1). Gouvernement

(1) Ces lignes étaient écrites plusieurs mois avant le dif-

et gouvernés étant deux termes antagoniques (d'autant plus antagoniques que le pouvoir est plus fort), tout ce qui diminue l'un grandit l'autre ; or la défaite affaiblit le prestige et la force d'un gouvernement ; elle permet donc à ceux qu'il opprime d'élever la voix et de chercher à s'émanciper de sa lourde tutelle. C'est ce qui s'est vérifié en Russie après la guerre de Crimée, suivie du mouvement d'idées qui amena l'émancipation des serfs, et au cours des désastres de Mandchourie lesquels produisirent par répercussion des manifestations, des grèves et des révoltes sur mille points de l'empire. C'est ce qui eut lieu également en France, au 4 septembre 1870 et au 18 mars 1871.

Quel que soit celui des trois facteurs, banqueroute, grève ou guerre, qui ouvre la voie à la révolution, il très probable qu'il se compliquera les deux autres, car la banqueroute, se répercutant sur le monde industriel, détermine des grèves et réciproquement. D'autre part, il est certain que les gouvernements les plus rétrogrades et les plus puissants tels que ceux d'Allemagne et de Russie, s'efforceraient d'étouffer la révolution à l'étranger avant qu'elle ne pénétrât chez eux.

L'étude des révolutions démontre que ces secousses sociales tendent à s'étendre selon une loi naturelle à la façon des ondulations sonores, caloriques, lumineuses,

---

férend diplomatique franco-allemand, d'où peuvent sortir une guerre et une révolution sociale dont les signes avant-coureurs sont nombreux. — Paris, février 1906.

etc. Mais de même que le son, la chaleur ou la lumière passant d'un milieu dans un autre peuvent perdre de leur intensité ou en acquérir une plus grande, de même les ondulations révolutionnaires, se transmettant à travers les diverses couches sociales et les différents groupements ethniques, les font vibrer plus ou moins selon le tempérament, les habitudes et les conditions de développement. Ainsi le grand mouvement de la réforme, parti d'Allemagne, a embrassé les pays scandinaves, les Flandres, l'Angleterre et la Suisse non italienne, contrées plus ou moins rapprochées de l'Allemagne, par la langue l'habitat et les mœurs, pour entamer plus faiblement la France, terre celto-latine, n'avoir en Espagne qu'un faible écho parmi les libres penseurs spiritualistes de l'université d'Alcala, et s'arrêter tout à fait devant la Pologne et surtout l'Italie, si différentes de l'Allemagne par la langue et le génie.

La Ligue et la Fronde, mouvements politiques où la bourgeoisie essayait sa force aux côtés de la noblesse, avaient été surtout concentrés à Paris.

La révolution de 1789 rayonna sur toute la France, dont les provinces étaient alors en voie d'unification morale, puis, quelques années après, sur la Belgique, la Hollande, le Palatinat, la Suisse et l'Italie. Par la force des baïonnettes, certes, mais aussi par celle des idées. Elle s'arrêtait devant l'Espagne fanatique jusqu'au moment où Napoléon ayant dépossédé les Bourbons et disloqué la société espagnole, les idées encore révolutionnaires des Français — ennemis — et les idées libérales des Anglais — alliés — au milieu même des luttes sanglantes, pénétrèrent dans la péninsule et y produisirent un travail de fermentation qui se manifesta, d'abord par la constitution de 1812, œuvre des cortès de Cadix, puis par la révolte de Riégo contre l'absolutisme (1820), enfin par tous les mouvements qui se succédèrent jusqu'à 1868.

La révolution s'arrêtait pareillement devant l'Europe centrale, où les idées n'allaient pénétrer que lentement, au cours du XIXe siècle, dans une masse réfractaire à l'esprit de révolte. Sa vague la plus lointaine dans cette direction ne s'éloignait guère des bords du Rhin ; à plus forte raison n'effleurait-elle même pas la Russie. Car il est difficile de voir dans le soulèvement de la Pologne, soulèvement catholique et seigneurial bien plus que démocratique, une répercussion directe de la révolution française.

La révolution de 1830, au contraire, quoique immédiatement arrêtée en France par la haute bourgeoisie, éveilla des échos en Pologne et en Espagne ; celle de 1848 en éveilla bien plus encore, entamant l'Europe centrale, jusqu'alors réfractaire. C'est que les temps étaient changés, les nations européennes, comme autrefois les provinces françaises, cherchaient à se reconnaître ; les relations entre ces collectivités devenaient plus fréquentes, plus régulières, on voyageait de Paris à Londres ou Berlin beaucoup plus qu'un siècle auparavant on ne voyageait de Paris à Versailles.

De nos jours les masses moins enthousiastes, plus réfléchies, se passionnent beaucoup moins pour les révolutions purement politiques. Ce que veut la bourgeoisie, haute, moyenne ou petite, c'est ce qu'elle appelle l' « ordre », c'est-à-dire l'écrasement silencieux du prolétariat et la paix (1) qui permet de *faire des affaires*, idéal suprême de M. Prud'homme. De son côté, le prolétariat, malgré son ignorance, sent d'instinct que la politique pure, délassement pour ceux qui possèdent l'indépendance économique et des loisirs, n'allège pas sa misère, n'augmente point son salaire, ni ne diminue ses heures de travail. Sans doute certains événements politiques peuvent se répercuter sur le régime économique, mais la plupart du temps, c'est de façon trop indirecte pour que le peuple à l'esprit simpliste s'en aperçoive.

Une révolution purement politique, comme il s'en produit encore presque chaque jour dans l'Amérique latine, peut donc éclater sans se généraliser, mais il n'en saurait être de même d'une révolution sociale. Les intérêts économiques sont aujourd'hui, de par l'internationalisation des capitaux, tellement enchevêtrés de pays à pays qu'on ne peut concevoir le système de production-consommation-échange se modifiant de fond en comble dans une contrée sans affecter aussitôt les autres contrées. La guerre de sécession américaine faillit ainsi précipiter l'Angleterre dans une crise des

(1) Ou, du moins, la guerre portée au loin chez quelque peuple exotique incapable de se défendre comme les Tunisiens, les Tonkinois ou les Malgaches et qu'on peut piller sans péril.

plus graves malgré l'esprit profondément légalitaire des populations, et cependant il ne s'agissait point d'une refonte sociale mais seulement de la diminution temporaire des importations de coton. On ne peut concevoir la Banque de France et les établissements de Crédit saisis par la révolution triomphante, la Bourse de Paris s'écroulant, sans que le cataclysme se répercute immédiatement sur les marchés monétaires des autres pays et y détermine des bouleversements terribles.

Si l'on veut se faire une idée conjecturale de ce que peut être la révolution sociale européenne, il faut tout d'abord se rendre compte de l'état social et moral des peuples. Après examen, on peut les classer à peu près en quatre catégories :

1° Les nations occidentales : Angleterre, France, Espagne, Belgique, Hollande, plus l'Italie, où le niveau d'esprit et d'institutions est à peu près le même et où les idées et les faits peuvent se répercuter de l'une à l'autre. Ce sont les nations progressistes, les unes libérales, les autres démocratiques ou même à tendances révolutionnaires. Cependant, de ces nations l'une, l'Angleterre, de par sa position géographique et l'esprit modéré de ses masses, l'autre, l'Italie, de par la diversité de caractère et de culture de ses populations septentrionale et méridionale, semblent devoir être entraînées beaucoup moins avant que les autres dans le mouvement révolutionnaire.

2° Deux Etats-gendarmes, l'Allemagne et la Russie, le premier travaillé par le socialisme, le second encore à demi barbare, ouvert à l'industrialisme seulement dans ses parties occidentale et méridionale mais entamé par l'esprit révolutionnaire.

3° Deux Etats-mosaïques, l'Autriche-Hongrie et la Turquie, voués à une prochaine et inévitable désagrégation.

4° Enfin des petits Etats, tels que la Suisse, le Portugal, les pays balkaniques et scandinaves, sans influence appréciable sur le mouvement soit à cause de leur peu de développement intellectuel et économique soit pour se trouver menacés d'absorption par les Etats-gendarmes.

D'où partira la secousse révolutionnaire capable de déterminer le cataclysme européen ?

Très vraisemblablement d'un des trois grands Etats continentaux : la France, l'Allemagne ou la Russie, à même d'entraîner les autres pays ; peut-être, cependant, sera-t-elle provoquée par la décomposition d'un des Etats-mosaïques : l'Autriche-Hongrie plutôt que la Turquie, cette dernière étant maintenue par les rivalités des puissances.

Dans tout cataclysme révolutionnaire, les facteurs sont de deux ordres : facteurs matériels et facteurs moraux.

Facteurs matériels : la faim, la misère, le chômage.

Facteurs moraux : le travail des idées.

Les trois cents et quelques insurrections paysannes qui, en 1787 et 1788, précédèrent et précipitèrent la révolution française, appartenaient au premier ordre. La propagande philosophique des encyclopédistes appartenait au second.

Si l'on n'avait à tenir compte que des facteurs matériels, on pourrait prédire hardiment que le foyer de la révolution sociale sera l'Allemagne, car aucun Etat de l'Europe continentale ne peut aujourd'hui rivaliser avec elle pour le développement économique qui accentue forcément les antagonismes de classe. Mais l'esprit de révolte fait défaut à ses populations ; l'ouvrier allemand a la tendance organisatrice : il lui manque l'initiative qu'on peut encore rencontrer de temps à autre dans le prolétariat français.

A ce point de vue, la France, distancée sous le rapport du développement économique, conserve l'avantage. Elle possède à la fois dans sa moyenne bourgeoisie et dans son prolétariat une tradition et des réveils intermittents d'instinct révolutionnaire.

Plus révolutionnaire encore que la France, usée par un siècle d'industrialisme, s'annonce la Russie du XXe siècle. La différence de niveau entre l'esprit moderne et le régime tsariste est telle qu'un équilibre ne peut s'établir qu'après une rupture formidable. Le jour prochain où, par suite du développement des réseaux ferrés, l'élément industriel l'emportera sur l'élément agricole, la révolution sociale sera à la veille de s'effectuer en Russie.

L'issue de la guerre de 1904-1905 avec le Japon a été d'une importance capitale pour le peuple russe et pour toute l'Europe. Si la Russie eût été victorieuse, c'étaient des millions de sujets asiatiques, bons pour tous les asservissements, allant, industrialisés et militarisés, former un immense troupeau d'esclaves d'usine et de caserne, prêts à écraser le prolétariat russe agité des premiers frissons de vie consciente et de révolte. L'autocratie tsariste, avec ou sans l'empire allemand, eût fait la loi à l'Europe et à l'Asie, reculant pour longtemps l'échéance révolutionnaire.

Au contraire, la Russie chassée de la Mandchourie a subi chez elle le contre-coup de ses défaites : le régime tsariste a chancelé et, malgré ses fusillades de grévistes, n'a pu se sauver qu'en promulguant un semblant de constitution. La Sibérie, peuplée des descendants de déportés, est travaillée par les idées de démocratie sociale. La Pologne, la Lithuanie, la Volhynie, la Crimée, c'est-à-dire l'est et le sud, régions industrialisées, sont entrées dans le mouvement du prolétariat mondial. Reste, au centre, une immense Russie, enténébrée et esclave encore résignée, peuplée de moujicks dévots et de Cosaques barbares : c'est la Vendée russe et elle est formidable, mais son domaine, si vaste soit-il, se restreint insensiblement chaque jour. Des réseaux ferrés l'enveloppent, la pénètrent et y portent avec le mouvement des hommes celui des idées.

L'éveil de la Russie à l'activité révolutionnaire est un énorme élément de succès pour la révolution sociale, car il fait contrepoids à l'Allemagne impériale et, à moins d'un retour offensif victorieux de l'autocratie, l'empêchera de se ruer avec toutes ses forces sur l'Occident en gestation d'une société nouvelle.

Avec ses masses innombrables de prolétaires aux mœurs communistes, la révolution russe sera une marée montante à laquelle rien ne résistera. Ses vagues successives emporteront les vieilles institutions, les barrières de castes et de classes. La courant occidental et le courant slave se rejoindront pour rendre la sève et la vie à la vieille Europe, épuisée jusqu'aux moelles par un siècle d'industrialisme broyeur de corps, d'âmes et d'énergies. L'être humain, actuellement flétri comme une plante désséchée, pourra retrouver la sève et la vie.

Les époques de transformation sociale nous présentent deux types humains, antagoniques au moral comme au physique : celui de l'homme sanguin, corpulent, humain, éloquent, amoureux du plaisir et quelquefois corrompu, tolérant, glissant facilement à l'opportunisme, et de l'homme bilieux, généralement maigre, combatif et orgueilleux, le plus souvent vertueux et faisant haïr la vertu, convaincu, fanatique et parfois féroce, à la parole âpre, aux écrits mordants.

Presque toujours ces deux types sont, de par le contraste de leur nature, engagés dans une lutte à mort.

Au premier type appartiennent les Rabelais, les Mirabeau, les Danton, les Ledru-Rollin, les Gambetta, les Jaurès.

Au second appartiennent les Calvin, les Marat, les Robespierre, les Guesde.

Et combien d'autres exemples pourrait-on trouver encore dans chaque série !

Rabelais, par exemple, c'est le génie largement humain, ne craignant point de conclure à l'intégrale liberté, à l'anarchie, dans son abbaye de Thélème, esquisse d'une société idéale. Audace si grande pour son époque qu'on ne la comprit point et que le joyeux curé de Meudon échappa à toute persécution. Son contemporain Calvin, au contraire, théocrate aussi violent et étroit qu'un saint Dominique ou un Torquemada, représente le fanatisme poussé à sa plus haute expression.

Mirabeau, c'est à la fois l'éloquence, le génie dominateur et la corruption, mêlés d'une note humanitaire, sincère au début, qui s'éteint ensuite peu à peu mais sans faire place à la férocité. Les robustes jouisseurs peuvent devenir égoïstes : ils se montrent rarement cruels.

Marat, au contraire, avec un humanitarisme autrement profond, conserve les apparences de la cruauté, au point d'être aujourd'hui encore méconnu. Sa conviction est faite en même temps de fanatisme et d'une clairvoyance singulière, par laquelle il demeure bien supérieur aux autres grands acteurs de la révolution. Son désintéressement est absolu : c'est en lui-même, dans le triomphe d'une vanité parfois enfantine que l'ami du peuple trouve des jouissances.

Danton, c'est Mirabeau avec plus d'humanitarisme et de sincérité. Robespierre est un Marat moins intuitif et plus aristocratisant, frotté d'esprit sacerdotal.

Ledru-Rollin est une réduction de Danton; Blanqui est un Marat non déclamatoire.

Gambetta et Rochefort, Jaurès et Guesde appartiennent à notre histoire contemporaine. Pas n'est besoin de souligner l'antithèse qu'ils présentent.

Au fur et à mesure que de nouveaux partis se développent et apparaissent sur la scène historique, on voit en surgir ces deux types en lutte perpétuelle. On les rencontre aujourd'hui chez les anarchistes, groupement révolutionnaire le plus récemment formé.

Leur opposition est trop constante pour qu'on puisse l'attribuer au *hasard*, mot qui, d'ailleurs, n'exprime que notre ignorance des lois naturelles et des causes premières. Ces deux types antagoniques sont, ainsi que le communisme et l'individualisme, deux pôles de la vie sociale, deux pôles desquels se dégagent en des chocs tumultueux deux formes différentes de l'énergie. Après la lutte de leurs personnes ou de leurs idées, comme après la rencontre de deux nuages chargés d'électricité contraire, c'est l'équilibre qui se rétablit jusqu'à ce qu'une nouvelle période de vibration révolutionnaire ramène aux prises sous d'autres noms les deux types opposés.

VII. — CRIMINALITÉ, PROSTITUTION, DÉGÉNÉRESCENCE.

C'est dans la classe des réfractaires que se rencontrent les gens étiquetés malfaiteurs.

« Malfaiteurs », ce mot logiquement devrait désigner ceux qui, consciemment ou non, font du mal à leurs semblables.

Dans ce cas, il est bien certain que les autocrates, les financiers et les généraux sont des malfaiteurs plus sanguinaires que les « Apaches » s'attaquant le soir au coin des rues aux passants attardés.

Mais, dans une société où tout est conventionnel, le mot malfaiteur se limite à qualifier les individus qui ont eu la malechance d'avoir affaire à la justice des tribunaux. Cette justice défendant l'ordre constitué, c'est-à-dire les intérêts de la classe possédante, il est extrêmement rare que des privilégiés, même s'ils ont fait massacrer quelques centaines de mille hommes et râflé plusieurs millions, arrivent à se voir infliger officiellement l'infamante épithète.

C'est donc en immense majorité dans le prolétariat que se recrute le gibier pénitentiaire.

Parmi ces malfaiteurs qui n'assassinent point au nom de la patrie et qui ne volent pas avec la permission du Code, deux divisions bien tranchées apparaissent tout de suite : les malfaiteurs parfaitement normaux, victimes du milieu social (misère ou préjugés, y compris même les entraînements passionnels, souvent développés par l'éducation propriétaire) et les anormaux ou dégénérés.

La transformation du milieu devra éliminer ou réduire considérablement les délinquants du premier ordre, ceux que Lombroso appelle « délinquants occasionnels » ; elle rendra possible la guérison des seconds, Quant aux incurables, les plus irresponsables de tous — la responsabilité absolue n'existant pour personne, incompatible qu'elle est avec le déterminisme — les torturer ou les supprimer ne serait qu'une barbarie inutile, et dans une société moralement évoluée qui donc voudrait se faire tortionnaire ou bourreau? Il conviendra tout simplement de les mettre dans l'impossibilité de nuire et de les empêcher non pas de satisfaire un besoin physiologique aussi respectable que les autres besoins, mais de reproduire une race de monstres qui serait condamnée d'avance aux pires douleurs.

La mort, le bagne et même la simple prison sont un legs de la barbarie médiévale et des religions. Pour empêcher les abus de la force, les fondateurs de sociétés n'avaient trouvé rien de mieux que d'inventer des juges célestes, punissant le mal et vengeant la faiblesse opprimée. Idée bientôt exploitée par les oppresseurs eux-mêmes et par les prêtres devenus leurs complices, qui prêchaient la résignation aux victimes confiantes uniquement dans l'intervention — terrestre d'abord, puis posthume — d'un père divin. Ce dieu, créé par les hommes et à leur image, devait non pas empêcher le mal — ce en quoi il se fût montré tout puissant et juste — mais le punir. A leur tour, les chefs d'Etat, prêtres, législateurs et juges, se présentant aux foules, auréolés d'un reflet de la divinité au nom de laquelle ils parlaient se sont enivrés de l'idée de leur supériorité qu'ils affirmaient en écrasant leurs semblables.

Malgré l'abolition de la torture, abolition qui n'a eu lieu que nominalement dans certains pays d'Europe, la majorité des juges modernes ont conservé une mentalité de tortionnaires. Sans aller jusqu'en Russie et en Turquie, pays gouvernés par une autocratie féroce et imbécile qui ne relève pas de l'humanité, on a pu entendre en Espagne, pays constitutionnel où existe une opinion démocratique, un juge militaire, le colonel Enrique Marzo, déclarer lors du trop célèbre procès de Montjuich, que : « Il convient de fermer les yeux à la raison ». Paroles atroces qui rappellent celles du magistrat français Laubardemont : « Donnez-moi une ligne de l'écriture d'un « homme, je me charge de le faire pendre » ou encore ce madrigal du galant président des Brosses, adressé à une belle dame qui se montrait cruelle : « J'ai fait « mettre à la question des gens qui étaient moins cou- « pables que vous ».

Il est bien évident que les Marzo, les Laubardemont et les des Brosses étaient des criminels, soit devenus tels sous l'influence du milieu, soit par suite de tares ataviques. Lombroso, dont il serait puéril de méconnaître les patientes recherches en anthropologie criminelle, mais qui a poussé l'esprit de système et de classification à un degré d'absolutisme extraordinaire, s'est efforcé de prouver que la plupart des criminels, comparés aux hommes dits normaux, présentaient des stigmates de dégénérescence. Mais son enquête n'a porté que sur les malfaiteurs reconnus estampillés officiellement, détenus dans les prisons et dans les bagnes, ce qui en amoindrit singulièrement la valeur. S'il eût porté ses investigations dans la classe dirigeante, parmi les malfaiteurs libres et respectés, on peut se demander s'il aurait reconnu chez un Guillaume II, un Nicolas II, un de Plœhve ou un Cecil Rhodes, par exemple, les stigmates de la criminalité. Combien autour de lui dans la société bourgeoise, parmi les financiers, les juges et même les médecins, Lombroso n'a-t-il pas dû coudoyer d'hommes à âme de voleurs et de tortionnaires, malfaiteurs en redingote opérant sous un autre décor et dans un autre milieu que les vulgaires délinquants!

Et puis, rien n'est plus élastique que le mot « crime ». L'attaque à la propriété, l'adultère, l'avortement sont-ils des crimes? Oui pour les uns; non pour les autres. N'est-ce pas d'un homme prêchant la transformation sociale et condamné comme malfaiteur que les chrétiens ont fait leur dieu? Les criminologistes émules de Lombroso, qui présentent les novateurs anarchistes comme des fous criminels, ne déclarent-ils pas, d'autre part, l'esprit de routine et le *misonéisme* (1) des caractéristiques, en particulier de « l'infériorité féminine » et en général de toute infériorité intellectuelle? Comment accorder deux assertions aussi opposées? Si l'horreur des innovations est un sentiment propre à des êtres inférieurs, comment n'en pas conclure que les novateurs sont des êtres intellectuellement supérieurs à la masse misonéiste?

Le docteur Dallemagne, professeur de médecine légale à l'Université de Bruxelles, déclare (2) : « Il est « toute une catégorie de doctrines dont la préoccupa- « tion est de réduire dans l'individu à son minimum « le droit de posséder et ce au profit d'une posses- « sion collective. Tant que ces doctrines ne prêchent « que le communisme ou le collectivisme de ces choses « nécessaires à chacun au même titre que l'air et l'eau, « il n'y a rien à dire. Il faut, au contraire, encourager « ces tentatives qui sont une tendance novatrice, si « elle n'est pas nouvelle, opposée à l'accaparement par « la force qui fut au fond de la plupart des cou- « tumes des sociétés à leur début ».

Mais après avoir déclaré excellemment que les sociétés ne se sont développées que grâce à la libre initiative de novateurs (révolutionnaires) entraînant la masse

(1) Horreur des nouveautés.

(2) *Stigmates biologiques et sociologiques de la criminalité*, par le Dr Dallemagne.

retardataire et apathique, Dallemagne se hâte d'ajouter : « Jusqu'au moment où un accord librement con-
« senti aura remanié les bases du droit de posséder,
« tout attentat contre la propriété constitue une tenta-
« tive criminelle, au nom de quelque théorie qu'elle
« s'effectue ».

Comme il est douteux que les capitalistes consentent jamais à un « accord » rendant à la masse la propriété qu'ils détiennent, les bases du droit de posséder ne seraient jamais remaniées. Mais l'enchaînement des faits, l'évolution sociale, amèneront les prolétaires organisés à déposséder les privilégiés sans plus leur demander leur consentement que les bourgeois ne demandèrent le leur aux nobles propriétaires de l'ancien régime pour les déposséder et vendre leurs terres sous l'appellation de « biens nationaux ».

Dallemagne déclare encore : « Le respect des lois,
« *même dans ce qu'elles ont de contestable*, est aussi une
« condition de stabilité sociale. Les lois ne sont jamais
« que des à peu près. Et pour cette raison aucun code
« ne doit prétendre à l'inamovibilité. Il faut, dans ce
« domaine, laisser la place aux remaniements. Il est
« même nécessaire d'ériger en mécanisme gouverne-
« mental cette garantie du perfectionnement de nos
« institutions. Mais par le fait même que les lois sont
« et restent l'œuvre commune, sans cesse remaniée et
« sans cesse consentie, *il est indispensable de les entourer*
« *de toutes les garanties de respect et d'intégrité. L'obéis-*
« *sance à la loi* est donc forcément une sorte de crité-

« rium du degré d'adaptation sociale de l'individu (1) ».

Nous avons tenu à citer entièrement le passage, rien n'étant plus contraire à une impartiale critique que de juger d'idées émises seulement par une phrase ou par des phrases tronquées. L'aveu du Dr Dallemagne n'en est que plus suggestif : même lorsque les lois sont, de son aveu, « contestables », c'est-à-dire mauvaises, il faut les respecter... tout en poursuivant leur « remaniement! » Il est indispensable d'obéir à ces lois même si elles sont édictées par un Tibère ou un Plœhve!

« Le respect des lois est une condition de stabilité sociale » qui en doute? Reste seulement à savoir si les écrasés doivent conserver la stabilité d'une société qui pèse sur eux de tout son poids et si l'immobilité est un idéal.

Et c'est l'auteur qui déclare les criminels incapables de raisonner sainement!

Lombroso, de son côté, pousse si loin l'esprit de système, qu'il voit invariablement dans les anarchistes des criminels ou des aliénés : criminels lorsqu'ils suppriment un homme qui a pu, comme le roi Humbert ou le ministre Canovas, envoyer à la mort, de par sa situation supérieure des milliers de ses semblables (2);

---

(1) *Stigmates biologiques et sociologiques de la criminalité*, par le Dr Dallemagne.

(2) Et à ce compte que penser des bourgeois mêmes qui, tout en flétrissant les anarchistes régicides de leur époque, glorifient, statufient Harmodius, Aristogiton, Brutus et célèbrent en musique l'apothéose de Guillaume Tell!

aliénés lorsqu'ils se contentent de penser autrement que la masse des humains. Pour lui, Louise Michel est une folle mattoïde.

Il est heureux que les savants n'aient pas, comme le rêvait Auguste Comte, le gouvernement exclusif de l'humanité, car avec l'esprit dogmatique naissant naturellement chez celui qui se croit supérieur aux autres, leur *sophicratie* deviendrait peu à peu une théocratie, leur science dégénérerait en religion. C'est, d'ailleurs, ainsi que se sont formées primitivement les religions : elles étaient la science de leur époque.

La science, à l'exception des mathématiques, est soumise aux fluctuations des temps et des milieux. Sans parler de l'histoire, qui n'est encore qu'un roman, du droit, science conventionnelle et desséchante aussi baroque que la théologie, combien d'absurdités n'ont pas été érigées en dogmes intangibles, au nom de la philosophie, de la physique, de la chimie, de la zoologie! Le spiritualisme, le libre arbitre, l'horreur du vide, l'existence de deux fluides électriques, d'un fluide calorique, d'un fluide lumineux, d'un fluide magnétique, celle de corps simples, la permanence d'état de l'oxygène, de l'hydrogène, etc., tout cela a été enseigné solennellement, et le chercheur qui se permettait de douter était conspué par les savants officiels presque aussi implacablement que l'était par un concile l'hérétique refusant d'admettre le dogme de l'Immaculée Conception ou celui de l'infaillibilité papale.

Sous peine de se dessécher et se rétrécir à l'instar des religions en un ensemble de dogmes proclamés infaillibles, alors que les connaissances humaines sont pour la plupart soumises à une révision perpétuelle, la science doit donc, tout en constatant des faits et en tirant des hypothèses, se garder de conclusions trop absolues.

L'anthropologie est une science née d'hier (seulement du milieu du dix-neuvième siècle) qui est appelée à un avenir immense, car une fois changée la base économique, c'est par l'étude de l'homme physique et moral, qu'on pourra achever de cicatriser les vieilles plaies de la société et créer une humanité saine. Mais dans sa branche la plus récente : l'anthropologie criminelle, on se trouve en présence de constatations encore trop contradictoires pour qu'il soit permis de conclure hâtivement. C'est ainsi, par exemple, que d'après Lombroso et Marro la gaucherie et l'ambidextrie prédomineraient chez les délinquants alors que le criminologue allemand Baer affirme le contraire. Sur les sensations acoustiques, désaccord complet : Ottolenghi et Frigerio déclarent que nul sens ne parvient à un degré de perfection égal à celui de l'ouïe chez les criminels; Mme Tarnowsky, savante qui a importé en Russie l'anthropologie criminelle, dit exactement le contraire. Même désaccord entre les savants italiens et la doctoresse russe en ce qui concerne la sensibilité physique. Sur l'acuité visuelle, l'étendue du champ de vision et la perception des couleurs, les constatations ne concordent pas davantage. Enfin, pour ce qui est du tatouage, si fréquent chez les délinquants mais aussi chez les marins, les soldats et même nombre de travailleurs catalogués « honnêtes », Baer, d'accord avec Lucchini et Baker, et contrairement à Garrieri, Maraglia et Battistelli, lui dénie toute signification au point de vue de la criminalité.

Le tatouage, plus fréquent dans des « basses classes » que dans les hautes, est certainement un indice de goût contestable apparentant moralement ceux qui le pratiquent aux primitifs polynésiens. Et tandis que ces derniers se montrent fréquemment de véritables artistes, le tatoué européen ne témoigne le plus souvent que d'une imagination grossièrement obscène. Pourtant le même sentiment de coquetterie sauvage se traduit chez les élégantes du beau monde qui se font percer les oreilles pour y suspendre des boucles ou chez ceux et celles que la vue d'un uniforme militaire avec de l'or, de l'écarlate et des plumes fait se pâmer. Le général se redressant orgueilleusement sous son panache, l'individu — militaire ou civil — plastronnant en étalant un bout de ruban de couleur attaché à sa boutonnière ont une mentalité de sauvages; ils sont les frères intellectuels des tatoués (1).

Quelle est la proportion des êtres normaux, rendus criminels par le fait du milieu, relativement à celle des criminels par dégénérescence? c'est ce qu'on ne peut

(1) Et même, il y a peu d'années, ce fut la mode, qui alla jusqu'à la fureur, dans la haute société anglaise, de se faire tatouer. Il y a là bien probablement un réveil d'atavisme.

déterminer d'une façon absolue. Toutefois, il apparaît certain que la misère et les causes passionnelles entrent pour une part beaucoup plus grande que les tares ataviques dans la criminalité. Il y a des êtres fatalement poussés vers le meurtre par suite de lésions ou déformations cérébrales, ceci est incontestable : la marquise de Brinvilliers, parricide, infanticide, calomniatrice, incendiaire; Gabrielle Bompard, prostituée, escroqueuse, calomniatrice, homicide; Vacher, violateur, assassin, fou mystique, sont des exemples de cette catégorie. Si monstrueux puissent-ils apparaître, ils ne relèvent que de la pathologie.

Il n'est donc pas possible de contester que les malades, alcooliques, épileptiques, syphilitiques, tuberculeux, engendrent fatalement des malades, reconnaissables à de trop évidents stigmates de dégénérescence : ce serait nier l'évidence même. Il faut seulement que de ces tares, créées chez les ascendants par le milieu et perpétuées chez les descendants par l'atavisme en s'aggravant le plus souvent avec le temps, les privilégiés ne viennent pas arguer en condamnant le prolétariat, au nom d'une infériorité physique et morale, à l'asservissement perpétuel. Lombroso et ses émules qui voient les fatalités ataviques, oublient par trop l'influence du milieu.

« La future voleuse, écrit Mme Tarnowsky parlant « des déshéritées russes, grandit sans apprendre à « travailler et est livrée dans son désœuvrement à « toutes les séductions de la rue. Elle a souvent froid « et faim; au logis, pas de feu, pas de pain et souvent

« des coups; elle s'en lasse et finit par se vendre pour
« une friandise ou bien dérobe l'objet qu'elle convoite
« dans son oisiveté de toutes les heures.

« C'est alors qu'elle vient expier en police correctionnelle l'inconvénient d'être issue de parents ivrognes, pauvres et vicieux.

« Après un premier stage en prison, notre jeune voleuse en sort riche d'expérience acquise auprès de ses compagnes de détention. Elle se promet de mettre à profit les leçons qu'elle en a reçues, d'être plus adroite à l'avenir et surtout de ne plus commettre la maladresse de se laisser prendre.

« A la suite du premier vol commis, toute relation est rompue avec sa famille qui, du reste, ne pourrait lui donner que misère et mauvais traitements : le délit devient par conséquent une nécessité. »

Cette simple histoire de la voleuse russe est de tous les pays.

Dans leur livre *La femme criminelle et la prostituée*, Lombroso et Ferrero ont constaté que l'infanticide était très répandu en Suède parce que les femmes pauvres, employées à tirer les traîneaux et en contact avec des hommes brutaux hors des villes, étaient souvent violées et que la suppression d'un petit être sauvait leur « honneur! » N'est-ce pas le milieu et ses préjugés de morale sexuelle qui sont en ce cas directement responsables?

Tout ce qui a été dit sur la criminalité s'applique à la prostitution. Cette plaie sociale, qui dans le prolétariat a pour cause la plus fréquente la misère, se retrouve dans la bourgeoisie sous le nom et la forme de mariage d'argent. Cette seconde forme de prostitution est même plus répugnante que la première parce qu'elle est plus hypocrite et que, n'étant point imposée par une inexorable nécessité, elle prétend au respect. La mariée qui, prostituée légale, aura vendu à un individu son corps pour un titre, ou une situation, méprise férocement la pierreuse qui se livre à plusieurs individus pour manger; l'épouseur d'une dot est entouré d'une considération qu'on refuse au « marlou » exploitant sa « marmite »!

Lombroso et Ferrero ont donc manqué de tout esprit philosophique lorsqu'ils ont bourgeoisement proclamé la supériorité physique et morale de la femme « honnête » sur la prostituée. Honnête celle qui se sera vendue ou laissé vendre pour la vie par des parents proxénètes à un épouseur qu'elle n'aimait pas, le plus souvent même qu'elle ne connaissait pas! Malhonnête celle qui se sera livrée temporairement à plusieurs individus pour avoir du pain et qui, étant tombée dans l'enfer de la prostitution, y sera restée!

Tout au plus ces deux anthropologistes auraient-ils pu proclamer la supériorité physique et intellectuelle — intellectuelle, non morale! — des femmes non qualifiées prostituées sur une partie de celles adonnées à la prostitution réglementée et l'exerçant couramment.

Malgré leur tendance à découvrir partout des stigmates de dégénérescence, les deux savants précités sont obligés d'admettre que 63 0/0 environ des prostituées n'en présentent aucun.

C'est donc, de leur aveu implicite, la misère qui

demeure la grande pourvoyeuse de la prostitution, et une transformation du milieu économique, en universalisant le bien-être, sauverait ce 63 0/0 de malheureuses. Mais il est bien évident aussi que les rejetons de pareilles mères doivent présenter dans leur organisme les tares causées par la syphilis et l'alcoolisme, compagnons inséparables de la prostitution, et que ces tares pourront finir par se fixer héréditairement en s'aggravant si le milieu demeure néfaste, en s'atténuant s'il est amélioré, en disparaissant peut-être entièrement s'il est tout à fait changé.

On sait comment dans toutes les grandes villes du monde dit civilisé est organisée la traite des blanches. Des agences clandestines fonctionnent à Londres, Paris, Berlin, Rome, Genève, etc. pour fournir de chair féminine les maisons de prostitution des pays les plus éloignés : l'Australie, l'Argentine ou le Transvaal. De misérables courtiers ou racoleurs attirent par leurs promesses des filles de campagne, des orphelines en quête de place ; une fois qu'elles sont tombées en leur pouvoir, elles y restent fatalement. Ce ne sont pas les efforts de quelques philanthropes, les uns bien intentionnés, les autres simplement réclamiers, qui pourraient les tirer du profond abîme. D'ailleurs la prostitution est considérée par l'immense majorité des bourgeois législateurs, fonctionnaires ou simples particuliers comme un « mal nécessaire ». Sans elle, les Don Juan iraient perturber de leurs ardeurs et souvent contaminer de leurs maladies infectieuses les honorables foyers bourgeois !

Pour la majorité des prostituées comme pour celle des criminels, il y a donc surtout malfaisance du milieu. Au début, ces femmes peuvent témoigner d'une intelligence non inférieure à celle de la bourgeoisie qualifiée d' « honnête » ; mais dans un ambiant de misère, de brutalité et d'arbitraire policier, leurs facultés intellectuelles finissent fatalement par s'atrophier : la prostituée qui a longtemps pratiqué tombe peu à peu dans l'hébètement.

Au point de vue moral, est-elle inférieure à la bourgeoise? Il faudrait d'abord savoir ce qu'est la morale. Si le respect d'une religion démente, de l'autorité indiscutée sous toutes ses formes, de l'exploitation légalisée par le Code, de la patrie, mensonge solennel sous lequel se cachent les intérêts capitalistes, constituent une morale, la prostituée prolétarienne et l' « honnête » bourgeoise se valent à peu près, car, d'une façon générale elles y croient l'une et l'autre, la première peut-être avec plus de sincérité, la seconde avec plus de formalisme.

Au point de vue du sentiment, de l'humanité, de la générosité et même quelquefois de l'amour, c'est souvent la prostituée qui l'emporte sur la bourgeoise. Combien se livrent à leur triste métier, qui les dégoûte et dont elles meurent, pour faire élever quelque enfant, alors que le père, un jeune bourgeois, séducteur au beau langage, se sera éloigné de la malheureuse devenue mère !

Nombre de femmes tombent dans la prostitution par suite de l'insuffisance des salaires que les patrons maintiennent à un tarif de famine, ce qui oblige l'ouvrière à chercher des ressources supplémentaires. Chez d'autres, c'est la révolte contre la vie de bête de somme qui les condamne à écouler leur vie, leur jeunesse à la fabrique, rivées sur une tâche monotone. D'autres encore, aux goûts plus raffinés, s'indignent à la pensée de devenir la compagne-esclave du déshérité de leur classe qu'elles ne connaissent que trop bien et qui leur apparaît généralement sous l'aspect d'un individu aux allures et au langage grossiers, mal soigné de sa personne, puant le tabac et l'alcool. Elles se disent que dans le nombre d'hommes divers qu'elles connaîtront, elles pourront rencontrer le riche entreteneur qui les fera entrer dans une vie nouvelle.

La prostitution a, d'ailleurs, son aristocratie et sa plèbe : elle présente le reflet d'une société où tout est hiérarchie et hypocrisie, et l'on voit, dans les pays où subsiste la police des mœurs, le même agent brutaliser la pauvre racoleuse du trottoir et s'incliner devant la courtisane de haute marque qui exerce exactement le même métier, mais se fait payer plus cher.

VIII. — CAUSES ÉCONOMIQUES DE DÉGÉNÉRESCENCE ET DE MORTALITÉ DANS LE PROLÉTARIAT. — LA TUBERCULOSE MALADIE DE CLASSE. — LES PALLIATIFS BOURGEOIS. — LE NÉO-MALTHUSIANISME. LES MÉTIERS HOMICIDES.

A côté des lésions organiques résultant de tares ataviques, il faut enregistrer celles produites par le manque d'hygiène, le manque d'alimentation suffisante et la nature ou les conditions du labeur.

Aux réguliers du travail et de la misère font généralement défaut les trois principaux facteurs de toute vie saine : l'air, la lumière et l'eau.

La vie de ces prolétaires se partage généralement entre l'usine malsaine et le logement — un taudis exigu — forcément malpropre, d'autant plus malpropre que le nombre de ses habitants augmentera.

Dans les usines, l'air chaud ou vicié, les poussières et détritus, les gaz délétères, le maniement des poisons industriels, constituent autant de germes de mort à la fois pour les ouvriers des deux sexes et pour les êtres qu'ils doivent enfanter. Le professeur Celli a montré dans le tableau ci-dessous quelle énorme quantité de poussière industrielle les travailleurs sont condamnés à aspirer chaque jour :

Dans un laboratoire de tapisserie...	0gr,05	par jour.
Dans une scierie..................	0gr,09	—
Dans une fabrique de laine........	0gr,10	—
Dans une fabrique de ciment.......	0gr,12	—

Dans une pièce d'habitation, cette quantité descend à 0 gr. 002 ; mais, par contre, il faut tenir compte du manque d'aération, de l'infection par l'escalier généralement sordide dans les maisons pauvres ou par les cabinets d'aisance dont la saleté est révoltante.

Le docteur Brouardel a établi dans son étude *la Lutte contre la tuberculose* que cette maladie, qu'on pourrait appeler « maladie de classe », car elle tend de plus en plus à se localiser dans le prolétariat, est intimement liée à la situation économique des individus. Quand les revenus d'un ménage ne lui permettent de posséder qu'un logement d'une pièce la mortalité est de *164 personnes pour mille*. Avec un logement de deux pièces elle descend à *22 pour mille ;* avec quatre pièces elle tombe à *7,4*. A mesure que les travaux d'édilité, éventrant les vieilles rues étroites de Paris, font circuler l'air et la lumière, le fléau recule : ainsi l'élégant quartier des Champs-Elysées ne compte que 11 tuberculeux pour 104 fixés dans l'arrondissement ouvrier de Plaisance !

Mais ce n'est guère que le Paris bourgeois que les autorités se préoccupent d'assainir et embellir : la population miséreuse, de plus en plus refoulée du centre à la périphérie, va y porter ses plaies physiques et morales. Les moyens de communication sans cesse multipliés, trains de ceinture, métropolitain, tramways de pénétration, la font affluer le matin dans le centre de la capitale et la ramènent le soir dans ses taudis. De sorte qu'à mesure que s'aristocratise le Paris de la finance et du commerce,la banlieue prend un caractère lugubre de misère ouvrière : là où s'étendaient autrefois des espaces verdoyants, des prés, des buissons, des bouquets d'arbres, s'élèvent maintenant des masures de torchis, de plâtras et de planches, bientôt destinées à être remplacées par des habitations à six étages, où seront parcimonieusement mesurés l'air et la lumière, les propriétaires n'hésitant pas à sacrifier la salubrité générale à leur intérêt particulier.

Mais l'enfer du prolétariat français est surtout le département du Nord, véritable terre de prédilection de la tuberculose et de la mortalité enfantile. « Lille, « Roubaix, Tourcoing, déclare Brouardel, forment le « cercle d'un foyer tuberculeux d'autant plus intense « que l'on se rapproche de ces villes ».

De l'étude si puissamment documentée de Léon Bonneff, l'*Enfer des ouvriers* (1), nous extrayons les passages suivants :

(1) Publiée dans la *Nouvelle Revue*, 15 mars 1906.

« Lille est la capitale de l'industrie textile. Dans ses « faubourgs, dans les villes qui l'entourent se trouve « massée une population de quelques centaines de « mille personnes qui demandent leur vie aux filatures « de laine et de lin. A la porte de Lille, boulevard « Louis XIV, M. le docteur Roux, directeur de l'Institut « Pasteur, a fondé un dispensaire anti-tuberculeux — « un *Preventorium*, telle est sa dénomination officielle « — qui porte son nom. Là viennent se faire soigner « et assister les tuberculeux ouvriers.

« M. le docteur Verhœghe, chef de clinique à la « Faculté de médecine à Lille, directeur du *Prevento-* « *rium*, assisté de médecins-adjoints, examine les ma- « lades et accorde aux plus sordides parmi tous ces « miséreux l'assistance temporaire : rations de viande, « œufs, lait, chauffage, qui font totalement défaut aux « consultants. L'opportunité de l'assistance est déter- « minée par une enquête et des visites à domicile dont « est chargé l'enquêteur du dispensaire, M. Haentjens. « Cet ancien ouvrier, à qui sa connaissance du flamand « et du patois lillois permet l'accès de toutes les mai- « sons, sait accomplir sa mission avec un tact, une « délicatesse d'expressions, une urbanité qui font gé- « néralement défaut aux « visiteurs » des bureaux « de bienfaisance et d'œuvres charitables privées.

« Son enquête porte sur la situation matérielle du « malade, son habitation, ses ressources, sa cohabita- « tion, ses antécédents, la situation hygiénique de son « atelier. Nous l'avons accompagné à tous les quartiers « de Moulins-Lille.

« Rue Philippe-de-Commines. Une rue boueuse et « grise, noyée de pluie. Un couloir étroit et noir où « les deux coudes touchent les deux murs, un escalier « sans rampe et sombre comme une cave, deux étages, « une porte que nous heurtons, un murmure en guise « de réponse. Nous entrons. Une odeur épaisse et « chaude — l'odeur indéfinissable de la maladie — « prend à la gorge en dépit de la fenêtre entr'ouverte, « étrangle. Notre guide nous dit très bas :

« — Quel âge attribuez-vous à la femme que vous « apercevez ?

« — Quarante-cinq à cinquante ans.

« — Elle en a vingt-six.

« Sur une chaise défoncée, une femme en haillons « tousse et crache sans interruption. Elle est d'une « maigreur telle que les os de ses épaules font des « saillies sous le fichu et que sa colonne vertébrale se « dessine sous la camisole. Elle est appuyée à une « table que recouvrent les flacons et bocaux pharma- « ceutiques. Elle ne peut se tenir debout. La pièce a « quatre mètres sur deux. Un lit en occupe la moitié ! « deux berceaux sont accotés au bois du lit. Un four- « neau de fonte rougeoie près de la table. Cette femme « est mère de cinq enfants. L'aînée a sept ans. Elle est « là, les cheveux embroussaillés, les yeux sauvages. « Elle n'est jamais allée à l'école ; elle reste auprès de « sa mère pour la soigner, respirant auprès d'elle, « buvant à son verre, essuyant ses lèvres.

« Le père a 32 ans. Il est charretier au tissage. Il « part à cinq heures du matin pour soigner ses che-

« vaux. Il rentre à sept heures du soir. Il gagne trois « francs par journée ouvrable (dix-huit francs par « semaine non coupée de jours fériés). Et ce sont là « les seules ressources de la maisonnée. La mère, le « père et les cinq enfants habitent cette unique pièce. « On y dort, *on y fait la cuisine*, on y mange. Dans le « lit dorment la moribonde, son mari et deux enfants. « Les trois autres reposent dans les berceaux contigus.

« Autrefois, on faisait aussi la lessive dans cette « chambre et le linge de la malade était mêlé au linge « des bien portants. Le *Preventorium* — dont les res- « sources sont très modestes — lave maintenant le « linge de la famille; il donne un litre de lait par jour, « deux kilogrammes de viande par mois! Cette femme « est tuberculeuse au troisième degré. Sa mort est « imminente. Causes de la maladie : surmenage, pri- « vations ».

Après avoir cité d'autres exemples aussi navrants, décrit les cours emplies de détritus ménagers et traversées par des ruisseaux d'eaux grasses, épaisses et puantes, les linges mouillés étendus pour sécher dans l'unique pièce, la promiscuité des déshérités couchant pêle-mêle sur des paillasses sans draps, l'obscurité qui contraint dans certains logements à allumer la bougie dès deux heures de l'après-midi, les miasmes d'escaliers sans rampe où des Italiens, fabricants de statuettes, disséminent une âcre poussière blanche, Léon Bonneff conclut :

« Les conditions d'habitation étaient les mêmes par- « tout : généralement une pièce sans air ni lumière

« suffisants, pour trois, quatre, huit personnes ; pa-
« reilles, les conditions de vie économique : par la
« faute de salaires insuffisants, la famille ouvrière,
« nourrie de légumes et de pommes de terre, hors
« d'état de réparer les forces usées au travail et de
« nourrir ses enfants ; pareilles aussi les conditions de
« labeur : dix heures pour les femmes, dix, douze,
« parfois davantage pour les hommes, en état constant
« de surmenage et réunissant ainsi toutes les condi-
« tions favorables au développement de la tubercu-
« lose ».

D'après l'enquêteur Haentjens, *cinquante pour cent* des ménagères qu'il visite couchent sans draps.

« Lille, déclare dans la même étude Léon Bonneff,
« présentait, il n'y a pas longtemps encore, cette par-
« ticularité de loger en de véritables terriers à bêtes
« certains de ses habitants. Les « caves de Lille » furent
« célèbres. Une trappe s'ouvrait au ras du trottoir. Par
« un escalier on descendait dans un caveau cintré, on
« marchait sur une aire de terre battue. La famille
« ouvrière habitait cette caverne. Le soir venu, on
« baissait la trappe et tous dormaient dans ces trous
« humides où nulle ouverture ne demeurait pour le
« passage de l'air.

« Les caves n'ont pas toutes disparu ».

D'après le docteur Verhaeghe, la tuberculose est d'abord provoquée par l'insalubrité même du métier de tisserand et d'ouvrier de filature, ces hommes étant condamnés à respirer pendant leur travail, en des ateliers généralement malsains, une énorme quantité de poussière. D'où vient que, parmi les peigneurs de lin, *69 pour cent* sont atteints d'affections des voies respiratoires et que la plupart de ces prolétaires meurent avant l'âge de quarante-cinq ans. Mais l'insuffisance d'alimentation joue un rôle non moins considérable comme facteur de mortalité : sur cinq cent dix-neuf tuberculeux examinés par le directeur du dispensaire Emile Roux, trois cent cinquante-et-un (soit 68 0/0) ont été frappés de l'implacable maladie par suite d'inanition. Et ce nombre va croissant (71,25 0/0 en 1903, 76,67 0/0 en 1904).

Enfin, sur 382 ouvriers tuberculeux examinés en 1902, 374 (soit 97,48 0/0) étaient des victimes du surmenage physique. Cette proportion s'est élevée à 98,22 0/0 en 1903.

Nombre de ces malades seraient guérissables (il se présente au dispensaire Emile Roux 104 tuberculeux au premier degré pour 308 au second degré, ceux-là presque incurables). Mais l'implacable nécessité économique est là, qui les oblige à continuer de travailler jusqu'à ce qu'ils tombent mourants.

Sur 825.000 travailleurs de l'industrie textile, 339,469 sont des femmes, âgées pour la plupart de treize à trente-cinq ans. Après cet âge, elles meurent ou sont trop surchargées d'enfants pour continuer à se rendre à l'usine. La proportion des ouvrières atteintes d'affections des voies respiratoires oscille entre 14,28 0/0 et 54,54 0/0. Parmi les plus éprouvées, il faut citer les « fileuses du mouillé » qui, pour un salaire de 0,20 par heure, travaillent à demi-nues, dans l'eau chaude, souvent brûlante et toujours surchargées de matières toxiques, la tête plongée dans la vapeur d'eau et les mains rongées par les acides.

La race flamande est prolifique, et à l'insuffisance d'alimentation, au surmenage, à l'insalubrité du logement et à celle du travail, viennent s'ajouter pour les ouvrières les grossesses successives. Sur 29 ouvriers veufs interrogés, 19 ont déclaré que leur femme avait été emportée par la tuberculose.

L'alcoolisme, qui sévit si épouvantablement chez les populations maritimes du Nord-Ouest et de l'Ouest, n'apparaît chez les ouvriers tuberculeux que dans la proportion de 17 0/0. C'est donc la situation économique qui est directement et avant tout cause de la terrible maladie, et non pas l'intempérance de la classe travailleuse, comme le prétendent certains savants et moralistes bourgeois cherchant à faire oublier la solution expropriatrice que comporte le problème social. Il est certainement incontestable qu'un grand nombre de prolétaires se livrent à la boisson et il serait étonnant, impossible même, qu'il en fût autrement. Les êtres humains réduits à la condition de bêtes de somme, n'éprouvent-ils pas fatalement le besoin physique de surchauffer leur organisme débilité par le sur-travail et le manque d'alimentation suffisante, comme le besoin moral de s'étourdir, et le cabaret empoisonneur, auxiliaire de l'exploitation capitaliste, n'est-il pas le seul lieu de « plaisir » qui leur est accessible ? Reprocher à la classe ouvrière son intempérance, c'est reprocher à la victime d'une agression la faiblesse que lui causent ses blessures.

On assiste, en effet, depuis que l'élite organisée du prolétariat a orienté sa marche vers ce but logique : expropriation des capitalistes et socialisation du capital, à une éclosion de doctrines pseudo-sociales et en réalité ultra-bourgeoises. Aux déshérités qui se meurent faute d'une nourriture réconfortante, on prêche à la façon des prêtres l'abstinence et le végétarianisme ; un docteur a découvert que par une alimentation semi-carnivore, les ouvriers de France et d'Angleterre pourraient se nourrir avec 0,85 c. par jour et rivaliser avec les moujicks russes et les travailleurs hindous qui, sans jamais manger de viande, travaillent jusqu'à dix-huit heures par jour. Quel idéal ! En même temps, ils deviendraient « prolifiques et doux » ; ils reproduiraient la quantité de bétail nécessaire pour emplir les usines et ils ne se révolteraient pas !

Ces théories ont tout juste autant de valeur que celles qui prêchaient l'épargne aux ouvriers réduits à des salaires insuffisants pour vivre d'une vie humaine avec leur famille, ou que celles qui déclaraient l'association des sans-le-sou capable de concurrencer et éliminer *pacifiquement* les richissimes capitalistes !

Cependant il serait injuste d'assimiler à ces théories bourgeoises celle du néo-malthusianisme qui a proclamé le principe éminemment juste de la maternité consentie et déclaré préférable pour l'humanité d'augmenter en qualité plutôt qu'en quantité. Les parents incurablement malades ou réduits à la dernière misère qui jettent dans la vie des malheureux condamnés à toutes les misères font preuve d'une inconscience ou d'un égoïsme monstrueux. Il est vrai qu'ils savourent patriotiquement les félicitations des repopulateurs à tout prix qui réclament de la chair à travail et à canon! La thèse néo-malthusienne peut certainement, comme toute autre, tomber dans l'exagération jusqu'à l'absurde et même être exploitée par des défenseurs de l'organisation économique actuelle, socialistes à faux nez qui, méconnaissant tout un siècle d'histoire et d'évolution prolétariennes et se présentant comme les seuls solutionnistes du problème, relèguent la révolution transformatrice de la société à l'époque où il n'existera plus sur terre qu'une humanité, consciente et restreinte en nombre. S'il devait en être ainsi, la classe capitaliste pourrait continuer pendant des siècles à écraser le prolétariat!

Mais en tant que mise en garde contre la multiplication des malheureux dans la société actuelle et affirmation du droit de la mère à n'enfanter que lorsqu'elle le veut, la propagande néo-mathusienne à été salutaire, malgré les railleries faciles dont on a pu cribler ses adeptes.

En outre des travailleurs du textile, la phtisie et les affections pulmonaires fauchent terriblement parmi les batteurs de tapis, les cardeurs de matelas, les porcelainiers, les faïenciers, les potiers, les briquetiers, les meuliers, les chiffonniers, les brossiers, les verriers, les blanchisseurs, les égoutiers. L'empoisonnement par le plomb et ses composés atteint les peintres en bâtiment, les typographes, les métallurgistes du plomb, les tisseurs au métier Jacquart, les ouvriers fabricants d'accumulateurs, de cartons colorés, de crayons colorés, les dentellières. L'empoisonnement par le mercure et ses composés s'attaque aux fabricants de baromètres et thermomètres, aux coupeurs de poils, aux ouvriers chapeliers : l'empoisonnement par le sulfure de carbone aux fabricants de ce produit et aux caoutchoutiers; l'empoisonnement par l'arsenic et ses composés aux fabricants de verts arsenicaux, aux fleuristes, aux ouvriers en papiers peints, aux mégissiers et tanneurs, aux naturalistes taxidermistes. Quant aux carbures d'hydrogrène : pétrole, benzine, aniline, goudron, etc., ils occasionnent des troubles graves chez les ouvriers qui les fabriquent, ainsi que chez les teinturiers et les dégraisseurs.

Quoi d'étonnant que les prolétaires condamnés par la nécessité économique à se livrer pendant toute leur vie à des travaux meurtriers finissent par contracter des lésions organiques et des prédispositions morbides qu'ils transmettront à leur descendance? La lente et progressive différenciation de type physique chez les diverses classes sociales est chose fatalement logique, indéniable. Mais tandis que les savants de l'anthropologie criminelle ne sont que trop enclins à voir dans les anomalies physiques et les infirmités héréditaires des stigmates certains de démence ou de criminalité frappant de déchéance irrémédiable celui qui les présente, il convient bien plutôt d'y voir des tares de misère, imputables à l'organisation économique, et encore guérissables dans un milieu meilleur. En un mot, c'est la société capitaliste, créant la splendeur des uns par l'exploitation des autres qu'il convient de stigmatiser — et abattre — au lieu de flétrir ses victimes.

Les constatations des anthropologistes criminels, précieuses comme indication générale mais non uniformément admissibles d'une façon absolue, se complètent donc, et souvent se corrigent, par les enquêtes documentées et les statistiques consciencieuses des écrivains sociologues. En réunissant les unes et les autres, il est possible d'envisager sainement le complexe problème social dont les deux éléments fondamentaux demeurent : le milieu, l'hérédité.

IX. — LA BOURGEOISIE & SES VICES. — COMPARAISON DE LA MORALITÉ BOURGEOISE & LA MORALITÉ PROLÉTARIENNE. — BOURGEOIS & BOURGEOISES RÉVOLTÉS. — LE FÉMINISME.

Après avoir exposé les misères physiques et morales du prolétariat, créées, maintenues et aggravées sept ou huit fois sur dix par le milieu, la fatigue organique, l'excès de travail et l'insuffisance d'alimentation, et les autres fois par des tares ataviques plus ou moins guérissables dans un milieu différent, il convient de montrer également ce que sont et ce que valent les classes privilégiées. Elles aussi ont leurs tares et, s'il est indéniable qu'elles possèdent des moyens de développement dont sont privés les deshérités, une instruction générale plus grande, des allures moins rudes, elles contractent, d'autre part, ce qu'on pourrait appeler des « vices de classe ».

Ceux qui, faisant œuvre de critique sociale, étudient

et dévoilent sans la moindre hésitation, certains que la vérité doit toujours être dite, les plaies lamentables du prolétariat, doivent étendre leur analyse à la bourgeoisie haute, moyenne et petite. S'ils oubliaient de le faire, on pourrait leur reprocher, peut-être bien à tort, de vouloir non pas détruire mais consolider l'inégalité sociale existante en justifiant la domination de la classe capitaliste par une supériorité anthropologique. La science ainsi se serait faite non pas libératrice mais instrument d'oppression. Les religions n'ont-elles pas été à leur début des systèmes scientifiques et philosophiques qui, peu à peu égarés de leur voie, dénaturés, exploités par d'infaillibles docteurs, ont abouti à diviser et opprimer l'humanité au lieu de l'éclairer?

Il ne faut pas confondre la science largement humaine, remontant des effets aux causes, proclamant l'indéfinité du progrès et des transformations possibles, avec la science théocratique ou de classe, s'appuyant sur les constatations exactes pour en tirer des conclusions qui ne le sont pas et recréer des dogmes métaphysiques ou sociaux.

En tant qu'ensemble la bourgeoisie occupe encore, à l'heure présente, au point de vue matériel et intellectuel, une situation supérieure à celle de la masse du prolétariat. Cette différence de niveau est incontestable; si elle n'existait pas, l'égalité sociale serait un fait au lieu d'être simplement une aspiration.

Reste à savoir si les phénomènes sociaux ne concourent pas à accélérer le développement d'une élite prolétarienne, actuellement formée, et à faire reculer, enrayer ou dévier la marche jusqu'ici ascendante de la bourgeoisie.

Or, il est indéniable qu'une partie de la petite bourgeoisie, vaincue par les concurrences économiques, tombe chaque jour dans la masse prolétarienne à laquelle elle apporte le levain de ses colères et des connaissances supérieures. Bien que les ouvriers aient de bonnes raisons pour se défier des nouveaux venus, transfuges de classe par force, et pour vouloir les empêcher de recréer une aristocratie au lendemain de la révolution sociale, il est incontestable que ces éléments sont d'une énorme utilité à condition de rayonner sans chercher à tout absorber. Le prolétariat ne doit pas seulement être le nombre : il doit être aussi la capacité et cette capacité, ce n'est pas l'instruction primaire, oubliée dans le servage de l'atelier, qui peut la lui conférer. Professeurs et techniciens, recrues éminemment utiles, permettront au prolétariat de lutter à égalité avec la bourgeoisie capitaliste : l'appoint du nombre pourra alors déterminer la victoire.

Les boutiquiers, petits propriétaires et même bureaucrates, formant la partie inférieure de la bourgeoisie, se distinguent du prolétariat bien plus par une correction de langage et de manières que par une culture réelle. Avec son ignorance, l'ouvrier, quand de longues années d'atelier, le travail écrasant et la misère ne l'ont pas pas entièrement déprimé, peut être accessible à une inspiration élevée, à l'enthousiasme et aux élans généreux ; le petit bourgeois presque jamais. Il a perdu le sentiment et n'a pas encore — sauf exceptions — acquis l'intellectualité. Pour lui, le monde se limite à son magasin, tous les problèmes se résument à la conservation de sa propriété.

Le prolétaire est généralement imprévoyant comme l'enfant et le sauvage, a-t-on dit. C'est un reproche qu'on ne saurait adresser au bourgeois. Mais le bourgeois a quelque chose à conserver, des gains réels à économiser ; l'ouvrier, lui, n'a qu'un salaire insuffisant pour le faire vivre avec sa famille d'une vie convenable. N'est-ce pas hypocrisie ou inconsciente ironie d'aller prêcher l'épargne à celui qui manque de tout ? Peut-être, sachant bien qu'il ne pourra, malgré l'économie la plus sordide, arriver à mettre de côté de quoi vivre à peu près sur ses vieux jours, l'ouvrier témoigne-t-il d'une certaine philosophie en ne cherchant point à rendre plus misérable encore sa vie de privations.

Seulement les plaisirs qu'il peut se permettre ne sont pas d'un ordre élevé ; le plus souvent ils s'achèvent dans l'officine de l'empoisonneur, débitant d'alcools.

Peut-on demander à ce serf inculte, au cerveau fatigué, d'aller écouler ses rares loisirs dans les musées devant des statues et des tableaux sans signification pour lui, ou dans les salles de conférence, en écoutant de graves pédagogues ? L'organisation de promenades champêtres, voyages, soirées familiales et représentations dramatiques sur la scène des universités populaires commence à arracher au cabaret une partie — mais combien minime ! — de la classe ouvrière.

Ce qui s'élabore en idées chez les uns demeure sentiment chez les autres : le prolétariat, inférieur au point de vue de la culture, l'emporte moralement sur la bourgeoisie. C'est celle-ci qui, traduisant tout en valeur vénale, a fait de l'union de deux êtres une affaire et glorifié le mariage d'argent, forme légale mais la plus repoussante de la prostitution. C'est elle qui a créé le mot affreux « espérances » pour signifier la bonne fortune qu'une jeune fille aura de perdre ses parents et d'hériter d'eux.

« Le temps est de l'argent », « les affaires sont les « affaires », « enrichissez-vous ! » Ces aphorismes témoignant de la plus parfaite sécheresse de cœur ont été émis non par cette plèbe que le parvenu Thiers flétrissait de l'épithète « vile multitude », mais par d'authentiques bourgeois.

Chez les miséreux, du moins l'union, non entourée d'hypocrisie, peut, au début et ne fût-ce qu'un moment, être déterminée par une réelle attraction du cœur ou des sens. Plus tard, le milieu et les conditions économiques feront souvent dégénérer cet accouplement en un enfer, tandis que les époux bourgeois, non exaspérés par les privations et la lutte pour le pain quotidien, pourront arriver, bien que ne s'aimant pas, à se supporter.

Le bourgeois veut sauvegarder sa « respectabilité », nécessaire pour tenir son rang et pour cela il s'efforce d'étouffer en lui comme chez les siens tout sentiment non autorisé par la société, la loi et les préjugés. Il ne croit pas à la religion, mais il se marie à l'église et fait communier ses enfants afin de donner le bon exemple aux gens du peuple pour lesquels il estime une croyance nécessaire; peut-être aussi par lâcheté, n'osant pas agir différemment des autres personnes de sa classe. Car la lâcheté et l'hypocrisie sont avec l'égoïsme les vertus théologales du bourgeois. Il admet fort bien que son fils, à partir de l'adolescence jusqu'à l'heure solennelle du mariage, « jette sa gourme » — c'est l'expression consacrée — avec des filles de prolétaires, destinées au rôle de chair à plaisir. Mais en même temps, il affichera à l'égard de celles-ci le mépris le plus féroce, demandera contre elle la mise en carte par l'État proxénète et le maintien de la police des mœurs, tandis que son rejeton, rassasié d'amours illégitimes, ira, le front haut, souriant, félicité par parents et amis, convoler avec une héritière à laquelle il apportera les restes de sa virilité.

Nulle prostitution morale et physique n'est aussi répugnante que celle-là, car elle n'est pas déterminée comme celle de la pierreuse par l'impérieux besoin de vivre et elle a lieu pour toujours, selon l'Église, ou pour jusqu'au divorce, selon l'État. Au moins la prostituée ne livre que son corps et pour quelques instants; ses multiples maris n'ont point de prise sur elle, une fois l'acte génésique accompli, tandis que l'épouse, déclarée mineure par le Code, demeure propriété maritale.

Moins dégrossi et plus brutal que le bourgeois, le prolétaire, du moins, possède, en général, une sincérité plus grande. Il n'a pas à ménager l'opinion du monde; aussi farde-t-il peu ses sentiments. Sa conception de la morale, sauf en ce qui touche à l'union libre, est encore bien étroite, bien arriérée : il respecte la propriété de ses exploiteurs et se croirait coupable d'y attenter ; il s'imagine, en même temps, devenant propriétaire à son tour, que ses enfants sont *à lui*, sa chose et maintes fois c'est par des coups qu'il leur inculque ses pauvres idées. Mais dans son erreur il agit avec bonne foi : on n'en saurait dire autant des bourgeois, plus conscients et conséquemment plus hypocrites.

Que de fois n'a-t-on point parlé de la brutalité de l'homme du peuple ! Il est de fait que les conditions dans lesquelles il vit l'obligeant de faire appel à son activité musculaire bien plus qu'à son activité cérébrale, l'amènent à jouer facilement du poing. Charretiers et cochers de fiacre, par exemple, sont portés à traiter leurs chevaux avec une brutalité qu'on ne rencontre pas chez les bourgeois pour l'excellente raison qu'on ne trouve pas de bourgeois charretiers et cochers de fiacre. De même les juges ne martyrisent pas, sauf moralement, et n'exécutent point eux-mêmes les malheureux qu'ils livrent aux gardes-chiourme ou au bourreau ; mais la cruauté intellectuelle qui commande est-elle moindre que la cruauté physique qui obéit ?

C'est en Espagne un public populaire autant qu'un public bourgeois qui fréquente les courses de taureau et exulte de voir couler le sang. Mais ce sont des législateurs bourgeois qui autorisent cette barbarie. De même dans les guerres ce sont surtout des prolétaires revêtus de l'uniforme qui perpètrent des massacres sans savoir pourquoi, sans se le demander, abrutis qu'ils sont par une éducation patriotique. Mais ceux qui leur ont fait donner cette éducation homicide, ceux qui déclarent les guerres et envoient des centaines de mille hommes au massacre sont des dirigeants bourgeois. S'ils ont la prudence de ne point égorger eux-mêmes, si peut-être leur sensibilité physique ne leur permettrait point de le faire, en sont-ils moins des assassins?

Cette hypocrisie, caractéristique de la classe possédante, a produit deux êtres artificiels, antithèses vivantes de l'homme et de la femme. Ce sont: le Monsieur et la Dame.

Le Monsieur est un individu s'habillant le plus souvent de façon ridicule, non à son goût mais selon la mode, regardant avec déférence ceux qui possèdent plus d'argent que lui, avec considération ceux qui en ont autant et avec mépris ceux qui n'en ont pas du tout mais sans le travail desquels il ne serait rien. Il a généralement reçu de l'instruction mais n'en tire qu'une philosophie d'arrivisme. Faire comme les *autres*, ménager les idées et les préjugés des *autres* — ce mot ne s'appliquant qu'à ceux de sa classe, car pour lui le reste de l'humanité ne compte pas — telle est sa maxime. Ce qui ne l'empêchera pas de chercher à profiter de ces autres de toutes manières et même de les exploiter, car les affaires sont les affaires! Honnête selon le Code quand sa situation économique lui permet de l'être, le Monsieur n'a aucune pitié pour les miséreux non plus que pour les malfaiteurs susceptibles de lui enlever son porte-monnaie à sa sortie du théâtre ou d'un restaurant de nuit; mais il est toujours prêt à dévaliser par de légales opérations de finance, de commerce ou d'industrie, avec une rapacité ignorée des « Apaches ». Figé dans une correction glaciale de langage et d'allures, il a extirpé de son être toute envolée, toute passion, tout restant d'humanité. Ce n'est pas à lui qu'il faudrait parler d'enthousiasme, de sacrifice, d'amitié, d'amour. Ce qui n'empêche pas cet être guindé d'aller le plus souvent oublier dans un discret lupanar l'ennui découlant de la fréquentation continue de sa moitié épousée avec dot. Aussi trouve-t-il la prostitution « un mal nécessaire », tout en affichant l'implacable mépris des prostituées. Quelquefois ses gants blancs et ses bottines vernies sont éclaboussés de sang : féroces défenseurs d'une société qui les entretient dans le bien-être et l'oisiveté, on a vu souvent les beaux Messieurs sonner l'hallali aux tueries de prolétaires et, dans les triomphes de l'ordre, sabler le champagne à la santé des fusilleurs.

La Dame est quelque chose d'encore pis.

Tout ce qu'il peut y avoir de charme, de tendresse, d'amour dans le cœur de la femme s'est desséché, ranci chez la jeune bourgeoise dressée dès l'enfance par sa famille et son milieu à la vanité, l'égoïsme et l'hypocrisie. Et à cette éducation malsaine vient se joindre la tendance instinctive d'un sexe qui, séculairement opprimé, a été contraint de chercher dans la ruse un recours contre la force.

Faite d'absurdités religieuses, de lieux communs, de sophismes et de grimaces mondaines, l'éducation de la jeune bourgeoise en France, il y a moins d'un quart de siècle, et dans les autres pays latins encore à l'heure présente, a été plus néfaste que l'inéducation de la prolétaire. Au moins chez cette dernière, si l'esprit n'était pas développé, il pouvait subsister quelque chose de naturel et de féminin dans le cœur. Chez la demoiselle, au contraire, l'esprit était comprimé ou faussé et le cœur soumis à un travail continu de dessication.

On apprenait à la jeune bourgeoise qu'elle était la chose de sa famille, qu'elle devait penser d'une certaine façon, admise dans la société, ou mieux encore ne pas penser du tout, qu'elle devait s'abstenir, sous peine d'être taxée d'incorrection, de tout mouvement naturel, de tout élan vrai. Le mariage, date culminante de sa vie à partir de laquelle elle allait cesser d'être la propriété de ses parents pour devenir la propriété d'un époux, lui était représenté non comme l'union de deux êtres, résultant d'une attraction réciproque, mais comme un mystère solennel et redoutable consacrant une association d'intérêts pécuniaires formée pour la vie.

Que pouvait donner semblable éducation sinon un monstre?

Dans les réunions de société, où l'on se complimente du bout des lèvres, le premier regard de la Dame est pour juger de la toilette d'une autre Dame et y trouver un défaut, un manque de goût. Si elle se croit habillée plus richement que les autres, elle étalera ses fanfreluches et ses bijoux, triomphera avec une vanité stupide d'avoir dépensé chez le costumier une plus grande somme de cet argent qu'elle n'a pas eu la peine de gagner. Au contraire, une autre exhibera-t-elle quelque toilette plus élégante, elle s'en ira crevant de dépit et c'est souvent le mari — maître nominal de par la loi mais que de fois forçat dans son ménage! — qui supportera la mauvaise humeur de madame.

« L'instinct primitif et principal, dit Max Nordau (1), « pousse irrésistiblement la femme vers l'homme com- « mun et normal, qui n'est ni trop sot ni trop intelli- « gent, qui règle son maintien d'après l'exigence de « la mode, qui parle du beau temps et du mauvais « temps, qui exalte l'idéal, qui a les opinions et les « idées des bourgeois aisés et montre par la forme et « la couleur de sa cravate qu'il est à la hauteur de « son époque. Sur cent femmes, quatre-vingt-dix-neuf « tomberont éprises de ce chef-d'œuvre de la nature « et aucun homme supérieur ne pourra lui être com- « p aré.

Cette critique est applicable surtout à la bourgeoise. Quant à la prolétaire elle tendra à donner la préférence à la force physique et il y a de l'atavisme dans cette préférence, la femme plus faible que l'homme ayant naturellement cherché toujours un appui et un défenseur. « Les femmes recherchent de préférence, déclare « Spencer (2) les hommes forts et brutaux bien que « les individus faibles les traitent mieux. »

(1) *Paradoxes.*

(2) *Istruzione alla sociologia* — Milan, 1886.

Toutefois, il serait injuste de ne point rappeler que l'habit ne fait pas toujours le moine et que bien des individus des deux sexes, classés bourgeois de par leur situation économique, n'ont nullement l'âme de leur classe. C'est de la classe privilégiée qu'on a vu surgir les Bakounine, les Kropotkine, les Reclus, les Cafiero, pionniers révolutionnaires d'une humanité sans castes ni maîtres.

Non seulement au sein de la petite bourgeoisie, refoulée avec des alternatives diverses dans le prolétariat par la concentration des capitaux, mais encore dans la moyenne et haute bourgeoisie, on rencontre des individus des deux sexes qui osent rompre avec leur classe. La révolution française vit de nobles transfuges comme les Condorcet, les Le Peletier de Saint-Fargeau, les Saint-Just, les Saint-Huruge, concourir au triomphe de la bourgeoisie sur la vieille aristocratie. De même les classes privilégiées d'aujourd'hui donnent parfois naissance à ceux qui combattront avec le plus d'acharnement les privilèges et viendront apporter au prolétariat miséreux, enténébré, l'appui de leurs connaissances supérieures, sans prétendre récolter en échange un mandat de député.

Parmi les bourgeois de situation, il s'en trouve qui, sincèrement émus du sort des deshérités et désireux d'arriver pacifiquement à un meilleur état social, prêchent la coopération des classes, l'alliance de la démocratie bourgeoise et du prolétariat socialiste. Tactique illusoire qui n'aboutit qu'à éterniser l'ordre social actuel sous des décors différents ! la coopération de la bourgeoisie capitaliste et du prolétariat travailleur équivaudrait à celle du tigre et du mouton. Les antagonismes de classes ne peuvent disparaître qu'avec les classes elles-mêmes dans la transformation révolutionnaire de la société, amenée par la double évolution économique et intellectuelle. Toute la philanthropie réformiste est impuissante à détruire le mal dans sa racine en labourant profond.

D'autres bourgeois venus au prolétariat révolutionnaire ont été poussés par un généreux élan de jeunesse, l'horreur de leur milieu guindé et conventionnel ou attirés par la séduction des théories nouvelles. Mais il leur faut pour demeurer dans l'ambiant ouvrier, si différent du leur, une force de volonté soutenue que la plupart ne possèdent pas; aussi voit-on fréquemment ces transfuges, après avoir jeté leur gourme, retourner à la classe d'où ils étaient sortis et se montrer férocement méprisants ou haineux de la plèbe dont ils ne peuvent supporter plus longtemps le contact. C'est ce qui fait que tant de fougueux révolutionnaires finissent dans la peau de conservateurs renforcés: les renégats sont toujours les plus violents ennemis du parti qu'ils ont quitté.

De jeunes bourgeoises intelligentes et courageuses, dont la famille voudrait faire des poupées, osent s'insurger aussi contre leur milieu. Moins nombreuses que leurs frères de classe en révolte, elles sont souvent plus intrépides et plus constantes; il leur faut une fermeté plus grande pour braver les préjugés de leur milieu, car, même dans la bourgeoisie dirigeante, la société demeure organisée contre la femme. Quand celle-ci n'est pas écrasée économiquement comme l'ouvrière, elle est asservie moralement par l'autorité familiale et, même mariée, déclarée mineure par le Code.

Rien n'est plus poignant que la lutte soutenue par ces vaillantes créatures qui, à la fois répudiées par leur familles, leur classe, et ignorées, incomprises de la plèbe, ne trouvent de point d'appui nulle part.

Mais il faut bien reconnaître que la femme révolutionnaire est une exception. Dans le prolétariat, elle s'abandonne davantage à ses impulsions : à de certains moments, alors que les hommes hésitaient, on a vu leurs compagnes intervenir et influer sur la marche des événements : Jeanne Hachette, Jeanne d'Arc, les femmes de la Halle marchant sur Versailles en octobre 1789, les Montmartroises se jetant, au 18 mars 1871, entre l'armée et le peuple, sont venues montrer que l'élément féminin avait lui aussi son rôle historique.

La société bourgeoise connaît maintenant le féminisme. Il serait difficile de formuler exactement sur cette question un jugement d'ensemble, car le féminisme n'a pas de programme précis. Pour tels de ses protagonistes, il signifie l'égalité de l'homme et de la femme devant le Code, le droit pour les êtres humains de remplir sans distinction de sexe les fonctions sociales ; pour d'autres, c'est la prosternation ridicule de l'homme devant la femme ; la revanche prise par un sexe longtemps dominé et qualifié de faible sur le sexe qualifié de fort ; c'est la guerre des sexes, hargneuse et acharnée comme une querelle de ménage.

En tous cas et sans confondre des personnalités réclamières pour lesquelles le féminisme est une simple question de salon et de mode, avec des esprits désireux d'un progrès quelconque, on peut affirmer qu'en l'état actuel de l'évolution sociale, le féminisme n'a aucune puissance transformatrice. Demeuré bien en deçà du socialisme et de l'anarchisme, il laisse subsister la distinction de fait entre la femme et la dame, ne touche qu'aux rapports des sexes, non à ceux des classes. Qu'est-ce que le droit pour les femmes de devenir magistrates et d'envoyer, tout comme les hommes, des malheureux victimes de l'organisation sociale ou de tares physiologiques, peupler les bagnes, alors que les progrès de la science et de la raison ont proclamé l'absurdité criminelle du Code, du droit de punir et de l'institution judiciaire ? Quelle valeur philosophique a « l'élargissement du mariage et du divorce », alors que l'humanité, s'affranchissant du joug de la vieille morale, marche vers la liberté absolue des unions sexuelles ? Et est-il rien de plus grotesque que d'entendre certains féministes reprocher indifféremment à tous les individus du sexe masculin, d'être, parce que mâles, des oppresseurs de la femme, comme si une solidarité quelconque pouvait exister entre la brute à mentalité préhistorique qui assomme sa compagne et le penseur qui proclame l'égalité de droits de tous les êtres humains !

Tandis qu'il n'est pas un socialiste ou un anarchiste qui n'ait affirmé pour les deux sexes l'identité de droit à la liberté et au bien-être en cherchant à donner à ce droit une base réelle par la transformation du régime économique, la plupart des féministes ignorent ou méconnaissent le problème social. Ils ne savent rien ou presque rien de cette évolution qui, depuis un peu plus d'un siècle, a remué les masses profondes et prépare l'avènement d'un nouvel ordre de choses. Babeuf, Fourier, Proud'hon, Blanqui, Marx, Bakounine, l'Internationale des Travailleurs, les formidables luttes prolétariennes de novembre 1831, juin 48 et mai 71, sont pour eux des noms et des choses beaucoup moins connus que le projet de loi élaboré par tel avocat ou que la biographie d'une dame qui a fait quelques conférences.

Le mouvement féministe n'a, somme toute, apporté aucun contingent d'idées philosophiques ou sociales : il chicane le Code, voilà tout. Suivi principalement par ceux et celles qui n'osaient pas aller jusqu'au socialisme pur et simple, il a pu amuser le tapis et occuper, pendant les quelques années qui ont suivi en France la crise de l'affaire Dreyfus, une partie de la bourgeoisie libérale. C'est tout : il sera emporté comme un mince ruisselet dans le prochain débordement du torrent social et s'y noiera. Les féministes avancés iront jusqu'au socialisme ou à l'anarchie ; les autres se replieront sur la bourgeoisie, devenue à ce moment uniformément conservatrice pour défendre ses intérêts de classe.

Est-ce à dire par cette comparaison de la moralité bourgeoise avec la moralité prolétarienne, que tous les prolétaires soient des anges et que les bourgeois même non révoltés contre leur classe soient uniformément des monstres ? Rien ne serait plus inexactement ridicule et l'on peut rappeler le jugement porté par Haine : « Les courtisans du peuple (en général des bourgeois) « ne cessent jamais de glorifier ses perfections et ses « vertus ; ils lui crient avec enthousiasme qu'il est « beau, qu'il est bon, qu'il est intelligent. Ils ne « disent pas la vérité. Le peuple n'est pas beau, mais « sa laideur disparaîtra lorsque l'hygiène sera répan- « due ; le peuple n'est pas bon, il est même souvent « méchant (surtout contre lui-même et pas assez « contre ceux qui l'oppriment), mais sa méchanceté « provient de la faim ; le peuple ne sait rien, mais cela « provient de l'ignorance, et cette plaie nationale sera « guérie avec la diffusion de l'instruction publique. »

Ce qui revient à dire : pour que le peuple se transforme, il lui faut de nouvelles conditions d'existence, un nouveau milieu. Or, si abaissé soit-il, ce n'est que lui seul, ayant tout intérêt à cette transformation, qui pourra la réaliser.

X. — LE NOUVEAU MILIEU

Il est impossible, avons-nous dit, de prophétiser à coup sûr les phases de la prochaine révolution sociale, mais, connaissant ses tendances, on peut, à l'aide des lois historiques, déterminer approximativement quelques-uns de ses résultats.

La socialisation des moyens de production sera son principal objectif, car sur ce point convergent les efforts des anarchistes et des socialistes de toutes fractions. Il suffira de montrer ce but à la masse déshéritée pour qu'elle s'y précipite.

En 1789 les bourgeois munis de capitaux, plus un certain nombre de paysans privilégiés, purent acquérir la propriété foncière, arrachée par la Révolution aux nobles, véritable expropriation qui n'eut qu'un tort : celui de n'être point réalisée au profit de tous. A cette époque, la grande industrie n'existait pas. Ce sera maintenant à la propriété industrielle tout d'abord, puis aussi, à la propriété terrienne que s'attaquera la révolution sociale.

Que cette propriété socialisée soit gérée par les groupes producteurs eux-mêmes, reliés en fédération, ce qui est le fond de la conception libertaire, ou qu'elle soit gérée par l'État ou la commune, il en résultera finalement, accompagnée de plus ou moins de liberté, une augmentation du bien-être général. Même au cas possible où la rudesse et les excès à prévoir des prolétaires fraîchement émancipés rejetteraient la masse de la population vers l'ancienne bourgeoisie plus affinée, celle-ci ne pourrait reconstituer de toutes pièces le régime capitaliste d'aujourd'hui. La socialisation plus ou moins intégrale demeurera un résultat acquis et l'effort humain n'aura plus à lutter que pour éliminer de la société les germes subsistants d'autorité, c'est-à-dire pour réaliser l'anarchie dans le sens rationnel du mot.

On peut donc entrevoir dans un temps non lointain une société où le niveau de bien-être sera sensiblement le même pour tous, où la production s'effectuant pour les *besoins* de la collectivité et non pour les *profits* de quelques-uns, les conditions du travail seront toutes différentes de celles d'aujourd'hui.

Aliments, vêtements, logement seront plus ou moins égalitairement assurés à tous. La société ne sera sans doute point devenue parfaite, ce serait une illusion de l'espérer, car de nouveaux désirs naîtront et la difficulté de les satisfaire pourra causer des peines morales aussi vives que les souffrances physiques d'aujourd'hui aux humains dont le système nerveux ira s'affinant et dont, par suite, la sensibilité deviendra plus grande. Toutefois, malgré les imperfections et les vices subsistants ou à naître, la société sera très certainement supérieure à celle d'aujourd'hui : elle sera surtout différente.

Dans ces conditions, que devient la collectivité?

Tout d'abord, c'est la disparition de la classe détritique : le *mendicat.*

Produite par la monopolisation de la propriété et du bien-être entre les mains d'une minorité privilégiée, elle s'anéantit avec le milieu et les causes qui lui avaient donné naissance. Un mendiant ne pourrait implorer ni recevoir l'aumône alors que tous les êtres valides seront à même de consommer moyennant un travail réduit, organisé dans les meilleures conditions d'hygiène par les travailleurs eux-mêmes, alors aussi que vieillards, enfants et infirmes seront entretenus par la collectivité. Il n'est que trop facile de comprendre le dégoût inspiré aujourd'hui par l'atelier qui ressemble tant à une prison et où l'être humain, rivé pendant de longues heures sur une tâche monotone, se transforme insensiblement en automate. Aussi un des premiers actes du prolétariat révolutionnaire, après la prise de possession, devra-t-il être la transformation complète de l'usine et de l'atelier. La domestication des forces naturelles — électricité, houille blanche et finalement radio-activité remplaçant la vapeur tout comme celle-ci a remplacé les bras humains — mettra fin aux conditions actuelles, pénibles et malsaines, du labeur. La machine perfectionnée, que pourra mettre en mouvement le doigt d'un enfant, appuyé sur la simple touche d'un clavier, sera la fée-esclave libérant le prolétaire : la prison du travail deviendra le palais du travail.

On peut facilement prévoir que dans en pareil milieu, « paresse », « mendicité », deviendront des mots vides de sens.

Avec la mendicité, c'est un foyer de servilisme, d'hypocrisie et de lâcheté qui s'éteindra.

C'est également la classe des réfractaires qui s'efface, tout d'abord dans sa subdivision la plus dangereuse, celle des malfaiteurs.

En effet, si on consulte les statistiques de la criminalité, on reconnaît facilement que les causes des crimes et délits peuvent se répartir (les chiffres ci-dessous étant non absolus mais approximatifs) en :

Causes sociales (misère et plaies connexes), pour les 5/10;

Causes passionnelles, pour les 2/10;

Causes ataviques (dégénérescence ou maladies héréditaires), pour les 2/10;

Causes accidentelles pour 1/10.

Avec la transformation économique éliminant la misère, les causes sociales disparaissent entièrement.

Avec l'évolution morale résultant de cette transformation économique, les crimes passionnels, sans disparaître d'un seul coup (ce serait illusion de l'espérer) deviendront beaucoup plus rares.

Avec la substitution à tout régime pénal d'une thérapeutique rationnelle et humaine, les malfaiteurs par tares ataviques seront les uns guéris, les autres maintenus hors d'état de nuire mais non torturés. La prison et le bagne n'ont jamais moralisé, bien au contraire (1); mais il serait insensé de prétendre qu'on ne pourra jamais transformer les criminels qui sont des malades, alors qu'on arrive bien à apprivoiser des fauves.

Restent les crimes et délits pour causes accidentelles, qu'il serait certainement impossible d'éliminer tout à fait mais qui, dans un milieu plus harmonique que celui d'aujourd'hui, se produiront beaucoup plus rarement.

Ce sera donc, une fois les inévitables orages passés et l'équilibre rétabli sur un nouveau plan, l'élimination au moins des 7/10 des méfaits et des malfaiteurs.

Quant à l'autre subdivision des réfractaires, celle des vagabonds, elle répond trop à une tendance humaine pour qu'on ait à souhaiter de la voir disparaître. Ou plutôt elle disparaîtra en tant que catégorie sociale mais son esprit lui survivra. Que furent donc les grands voyageurs, les Marco Polo, les Colomb, les Magellan, sinon d'illustres vagabonds, avides d'échapper au spectacle du *toujours vu* pour découvrir de nouveaux hori-

---

(1) Exemple : tout régime pénitentiaire prolongé entraîne la sodomie, s'il est la promiscuité, l'onanisme s'il est l'isolement.

zons? N'est-ce pas aussi du sein de ces vagabonds que sont sortis les François Villon et les Maxime Gorki?

Le vagabondage a un côté sordide et un côté idéal. Par l'un il touche au ruisseau, par l'autre à l'azur céleste. Le premier, vagabondage par paresse ou misère, est un triste fruit de la société actuelle : il disparaîtra avec elle. Le second, qu'on a si justement appelé la *papillonne*, est, au contraire, le produit de cet instinct naturel d'indépendance et de poésie, de ce besoin inné de mouvement pour satisfaire les yeux et les muscles. C'est une chose saine qu'il faut respecter. L'idéal pour une société n'est point qu'elle soit formée exclusivement de producteurs réguliers et sédentaires, remplissant automatiquement leur œuvre et que le caprice, la fantaisie, la passion, soient impitoyablement proscrits. Cette morne uniformité serait non l'égalité sociale mais l'intolérable étouffement, la mort intellectuelle. Au contraire, l'être humain en se développant acquiert des besoins naguère ignorés, parmi lesquels ceux de se déplacer, de voir et connaître du nouveau. Quelquefois, souvent même, la satisfaction de ces besoins entraîne des déceptions et des amertumes; il n'en est pas moins vrai que l'ascétisme, le respect aveugle de la tradition, la peur de l'inconnu ont toujours été autant d'obstacles au progrès, à l'élévation du niveau de bien-être et de liberté.

Le travailleur qui, entraîné par une humeur vagabonde, passera des climats sévères du nord aux paysages ensoleillés du midi, des villes aux campagnes et réciproquement, ne cessera pas de produire. Au contraire, ses facultés se développant, il produira mieux ; son esprit plus ouvert pourra concevoir et réaliser des inventions. Combien de Jacquarts et de Fultons ne sont-ils pas étouffés obscurément dans des milieux ignorés alors que le moindre frottement aux hommes et aux choses eût pu faire jaillir l'étincelle de leur cerveau !

Voilà donc deux classes sociales disparues. A son tour, celle des prolétaires ci-devant salariés, avec toutes ses subdivisions, se transforme et, par la possession des moyens de production, monte vers la lumière et la liberté : elle vient se confondre avec la petite bourgeoisie, tandis que la haute bourgeoisie, moralement décapitée, et la moyenne bourgeoisie, oscillant sous la poussée des événements, finissent par disparaître en tant que catégories sociales distinctes.

C'est ce qu'entrevoyait Proud'hon lorsqu'il proclamait que l'équation sociale devait avoir pour résultat « la fusion des extrêmes dans les moyens. »

Cette fusion sera-t-elle complète, définitive? La transformation propriétaire et la reconnaissance d'équivalence des fonctions, réclamée par les communistes, contestée plus ou moins ouvertement par les arrivistes affublés de la peau socialiste, seront-elles suffisantes pour amener ou maintenir cette fusion?

Il est impossible de l'affirmer.

Les facteurs économiques ne sont pas les seuls, comme a semblé le croire l'ancienne école marxiste : il faut tenir compte aussi des facteurs moraux. Il est bien certain qu'au sein même du bouillonnement niveleur ou dans les accalmies, les différences d'éducation, d'instruction, de tempérament, de goûts tendront à recréer des catégories.

Ces catégories se fondront-elles peu à peu dans le nouveau milieu? Si elles subsistent, se maintiendront-elles toujours dans un équilibre harmonique sans qu'un réveil de l'esprit autoritaire vienne un jour les pousser à se disputer une prééminence, morale d'abord, puis matérielle, les amenant à réédifier insensiblement une société inégalitaire?

Des évènements imprévus ne viendront-ils pas précipiter les générations futures dans de nouvelles luttes?

Le monde est un véritable cinématographe qui se compose d'une succession ininterrompue d'êtres et de faits. Personne, pas plus les réformateurs révolutionnaires, socialistes ou anarchistes, que les législateurs bourgeois ou que les autocrates, ne peut avoir la prétention de bâtir pour l'éternité.

Il est très possible que le régime qui succédera à l'actuel état de choses ait à son tour ses brisements, qu'il voie des niveaux divers s'élever, des tendances antagonistes se faire jour et les générations futures, tourmentées par de nouveaux besoins, dédaigner cette égalité sociale, but des efforts de leurs ancêtres. Il n'est pas plus au pouvoir de la génération présente de l'empêcher que d'empêcher le globe terrestre de rouler un jour, refroidi et mort, dans l'immensité des cieux.

On peut prévoir des chocs en retour, des régressions partielles, car le progrès s'exerce rarement d'une façon ininterrompue et rectiligne. On peut même tenir compte de l'hypothèse formulée par des anarchistes individualistes d'après laquelle l'universalisation du bien-être et de la liberté aurait pour résultat non d'unifier l'humanité mais, au contraire, d'accentuer les différences entre individus, les uns capables de bénéficier des moyens de développement mis à leur portée, les autres foncièrement inaptes à s'assimiler les connaissances et à s'élever. Le résultat en serait, après une assez courte période de nivellement, une différenciation intellectuelle plus rigoureuse peut-être que les différenciations économiques d'aujourd'hui, car, malgré tout, un hasard peut, une fois sur dix mille, faire du plus déshérité un homme riche, tandis que nul hasard ne peut faire d'un abruti un être intelligent et affiné.

La différenciation des êtres, partant d'un petit nombre de formes primordiales et rayonnant inégalement en tous sens, bifurquant, créant incessamment des espèces et des variétés nouvelles, est, ou du moins a été jusqu'ici une loi naturelle. Mais une loi peut en contrebalancer ou en annuler une autre : il est certain que de par la science et le prodigieux développement des communications, le globe tend de plus en plus à s'uniformiser, les grandes différences climatériques à s'atténuer en attendant que l'homme soit à même de créer entièrement le climat ; d'autre part, la puissance de la sélection artificielle pour créer telle ou telle espèce animale a été puissamment mise en lumière par les éleveurs. On peut donc présumer que, sous l'influence combinée de ces deux facteurs : uniformisation relative du milieu et sélection artificielle appliquée à notre espèce, l'unité morale du genre humain, qui est actuellement à créer, se maintiendra à travers les différences secondaires de goûts, de tempéraments et d'aptitudes.

La société nouvelle sera évidemment, à son début, encombrée d'une foule de déchets. Les uns s'élimineront par leurs excès mêmes, d'autres pourront se transformer plus ou moins. Il faudrait en tous cas, un optimisme aveugle pour croire que la masse de malheureux dont l'intelligence ne s'est jamais éveillée et qui semblent des intermédiaires entre le singe et l'homme pourra du jour au lendemain se changer en une humanité parfaitement consciente et raisonnable : les progrès moraux demandent pour se réaliser plus de temps que les progrès matériels. Même la génération qui lui succédera immédiatement aura beaucoup à faire pour se débarrasser des tares ataviques. C'est bien plutôt à la troisième génération qu'on peut prévoir, grâce à l'influence combinée du nouveau milieu et d'une puériculture rationnelle, une superbe floraison intellectuelle.

XI. — PUÉRICULTURE. — CONCLUSION.

C'est surtout par l'éducation de l'enfant qu'on peut préparer l'avenir. Tous ceux qui prétendent diriger les peuples l'ont compris : aussi voit-on les ministres des religions s'efforcer d'atrophier les jeunes intelligences en leur inculquant la croyance à l'absurde, tandis que l'État, église laïque, enseigne aux fils des déshérités qu'il est beau de respecter la loi et de tuer ou mourir pour la Patrie.

La loi, c'est-à-dire la sanction d'un ordre social qui les écrase ; la patrie, c'est-à-dire le sol dont ils ne possèdent point une parcelle ou les intérêts financiers des dirigeants ! Deux grands mots sous lesquels se masque la domination de la classe possédante et que les prolétaires respectent encore avec un reste de cette foi tremblante qui agenouillait leurs aïeux devant la religion. D'ailleurs, le prolétaire n'a pas l'esprit analytique.

Aux catéchismes enseignant l'aveugle foi aux

mystères ont succédé des manuels civiques, moins absurdes en apparence et peut-être plus dangereux, car l'absurdité des premiers était telle qu'à un certain âge, beaucoup se révoltaient à l'idée d'avoir pu y croire. Tandis que les manuels civiques ne contiennent pas de bourdes aussi grossièrement apparentes : ils enseignent seulement à ceux qui seront plus tard des hommes et des femmes, des pères et des mères, à se dépouiller de leur caractère *humain* pour devenir plus tard bons citoyens, c'est-à-dire troupeau soumis d'électeurs, de soldats, de contribuables et à élever leurs enfants comme eux-mêmes ont été élevés.

Les anarchistes, qui ont une activité à déployer en dehors de la politique parlementaire, se sont préoccupés beaucoup plus que les socialistes, engagés dans les luttes électorales, du problème de l'éducation. Des écoles libertaires se sont fondées çà et là ; quelques-unes subsistent et fonctionnent même de façon remarquable, donnant une idée de ce que pourra être l'enseignement dans une société économiquement et moralement affranchie. Mais celles-là ne peuvent-être que l'exception : l'école actuelle est évidemment créée par le milieu, obligée d'employer les livres et suivre les systèmes adoptés par l'enseignement officiel pour conduire les élèves aux examens qui ne prouvent rien, mais qui ouvrent les carrières libérales et administratives.

De même, les Universités Populaires, où s'affine l'éducation primaire des prolétaires, demeurent plutôt une ébauche qu'une création définitive. L'enseignement qu'on y donne et qui comprend des matières très variées, manque encore, le plus souvent, de méthode et de continuité ; bien des fois, il demeure absolument inintelligible pour les ouvriers qui, armés seulement de leur mince bagage d'instruction primaire, voient s'évanouir leur espoir naïf de s'assimiler la haute science et finissent par s'endormir pendant les conférences ou ne plus revenir. Enfin, à côté d'éducateurs sérieux et dévoués, on compte plus d'un réclamier sans valeur, cherchant à préparer une candidature ou récolter une décoration.

Quant à l'éducation morale, plus importante encore que l'enseignement des arts et des sciences, c'est elle surtout qui se ressent de l'influence du milieu. Confiée exclusivement aux prêtres et aux moines jusqu'à la Révolution française, elle fit pendant des siècles des générations d'ignares fanatiques, applaudissant aux grillades d'hérétiques, à la Saint-Barthélemy et aux Dragonnades. Puis, sous l'influence de l'Etat, elle devint de plus en plus civique et patriotique, amalgamant les vieilles fables religieuses avec les fictions de liberté bourgeoise, prétendant concilier, selon la formule positiviste, l'ordre, c'est-à-dire l'immobilité, avec le progrès, c'est-à-dire la marche en avant. Aujourd'hui, l'éducation se laïcisant peu à peu dans sa partie morale, comme dans sa partie pédagogique, élimine en France les dogmes religieux, d'une absurdité trop manifeste pour pouvoir, à notre époque d'épanouissement scientifique, subsister ailleurs que parmi des collectivités arriérées, capables de tout croire parce qu'elles ne savent rien. Mais, si l'enfant cesse peu à peu de trembler à la pensée de l'enfer ou du purgatoire, l'adulte se prosterne devant l'autorité qui, incarnée dans la personne du policier, du gendarme, du juge, du fonctionnaire, le guette à toute minute de la vie ; la Patrie, la Propriété, la Loi, au nom desquelles les dirigeants font du prolétaire une machine à tuer, un miséreux et un esclave, sont venues remplacer le mystère de la Sainte Trinité et celui de la Transsubstantiation.

Ce qui permet d'inculquer de pareilles croyances sans soulever la révolte du bon sens, c'est l'état véritablement maladif des cerveaux, arrêtés dans leur développement et faussés par les mensonges de l'éducation officielle et les préjugés en vogue dans les diverses classes sociales. La plupart des individus sont des malades.

Ce malades peuvent-ils guérir dans un milieu social différent? Certes, les résultats obtenus, même en la société actuelle, dans des colonies rurales et sur des concessions agricoles, où de redoutables malfaiteurs sont devenus des individus inoffensifs et où des fous dangereux ont pu recouvrer le calme d'esprit, montrent que le cerveau de l'adulte est susceptible de s'assainir. A plus forte raison celui de l'enfant, victime d'une hérédité défectueuse, mais placé dans un milieu réparateur où pourront se cicatriser ses plaies physiogiques.

Et à ce sujet, nous ne pouvons mieux faire que citer le docteur Roubinovitch :

« Ce qui m'a toujours profondément impressionné, « écrit-il, c'est l'état dans lequel se trouvent ces mal- « heureux au moment où ils sont arrachés à leur « milieu malfaisant. Dans une proportion de 90 pour « 100, ils sont maigres, faibles et anémiés au plus « haut degré ; ils personnifient la misère physio- « logique dans son expression la plus lamentable. Eh « bien ! chose curieuse, il suffit souvent à la grande « majorité de ces enfants de vivre pendant huit à « quinze jours dans une maison où ils sont convena- « blement nourris, vêtus et logés pour qu'une transfor- « mation surprenante s'opère. En une semaine ou « deux, ces enfants gagnent en poids huit à dix fois « plus que les enfants normalement élevés ayant le « même âge. Il semble que l'organisme de ces petits « malheureux, arrêté pendant longtemps dans son « besoin de se développer, se précipite sur l'air et la « nourriture pour rattraper le temps perdu...

« . . . .

« L'histoire de la petite X..., rachitique par priva- « tion de nourriture et de soins, est un exemple frap- « pant de ce que peut faire la bienfaisance en faveur « des enfants maltraités, gravement atteints dans leur « santé physique.

« Imaginez un petit être au visage contracté par la « douleur et la crainte, sale, couvert de vermine ; ses che- « veux, en paquet inextricable, étaient habités par des « poux ; sa peau étaient parsemée de zébrures et d'ecchy- « moses provenant de coups ; son ventre était énorme ; « ses membres, faibles, contracturés, présentaient des

« nodosités rachitiques. Quand on essayait d'allonger « les jambes, on arrachait à l'enfant des cris de dou- « leur. La température du corps n'était que de 35° 9, « au lieu de 37°.

« Tout indiquait la misère extrême de l'organisme, « conséquence de négligences coupables et de tortures « criminelles...

« Enlevée de l'enfer où elle devait infailliblement « périr, cette petite fille fut envoyée pour de longs mois « dans un sanatorium marin... Un an après, elle était « méconnaissable : non seulement son poids et sa taille « avaient considérablement augmenté, mais les mem- « bres, autrefois grêles et noués, étaient devenus pleins « et déliés ; l'enfant se tenait fièrement sur ses jambes ; « échappée au martyre et à la mort qui l'attendaient « chez ses monstrueux parents, toute son apparence « exprime aujourd'hui la santé, la vigueur et le bon- « heur de vivre...

« Tous arrivent au port du sauvetage avec une âme « meurtrie, comme éreintée de douleur et de fatigue... « Au premier interrogatoire, ils produisent l'impres- « sion d'êtres mentalement débiles, tellement leur air « est hébété, leurs réponses nulles et leur attitude stu- « pide...

« Or, de même que nous avons vus se transformer « rapidement leur état de misère physique, de même « se transforme leur manière d'être intellectuelle, sous « la simple influence de quelques bons soins élémen- « taires : en quelques jours leur masque d'hébétude et « de stupidité tombe, leurs yeux s'animent, leur langue

« se délie, et tels de ces êtres sur lesquels on était tout « d'abord tenté de porter un diagnostic de faiblesse « mentale ou d'imbécilité, se révèlent souvent comme « ayant une intelligence morale. C'est là un des points « les plus curieux de la psychologie des enfants mar- « tyrs. »

Ce sauvetage physique et moral ne se limitera plus à quelques petits êtres mais s'étendra à la masse immense des deshérités actuels, guérissables et transformables sous l'action bienfaisante d'un nouveau milieu. Sans la moindre exagération comme sans prétendre prophétiser à l'instar des voyantes, exploitrices de la crédulité publique, on peut affirmer que l'humanité est à même de faire peau neuve.

Pour cela, il faut que l'élite pensante et active du prolétariat, entraînant la masse des déshérités et attirant à elle les transfuges de la bourgeoisie, mais sans leur livrer la direction suprême du mouvement ouvrier, entre en scène. Sans s'attarder aux leurres du parlementarisme comme sans se nourrir d'espoirs mystiques, cette avant-garde doit incessamment travailler par tous les moyens *pacifiques ou révolutionnaires* à désorganiser la société capitaliste et les rouages de l'Etat qui la défendent, en même temps qu'à accélérer la formation des organes vitaux de la future société.

Ces organes sont les associations de producteurs qui, se fédérant et se ramifiant, marchant toujours, à travers les vicissitudes de succès et d'échecs, à ce but fixe : la prise de possession du sol et des moyens de production, finiront en profitant des événements et en sachant les faire naître, par exproprier la bourgeoisie capitaliste.

Ce jour-là, la liberté, l'égalité et la fraternité deviendront autre chose qu'une formule menteuse; la république du travail affranchi, sans religions, sans codes, sans armées, ouvrira dans l'histoire de l'humanité une ère absolument nouvelle.

Beaugency, Imp. Laffray fils & gendre

BIBLIOTHÈQUE SOCIALISTE INTERNATIONALE

PUBLIÉE SOUS LA DIRECTION DE **ALFRED BONNET**

(SÉRIE IN-18)

DEVILLE (G.). — **Principes socialistes.** 1898. Deuxième édition. 1 vol. in-18 . . . . 3 fr. 50

MARX (KARL). — **Misère de la philosophie.** Réponse à la philosophie de la misère de M. Proud'hon. 1896, 1 vol. in-18. . . . . . 3 fr. 50

LABRIOLA (ANTONIO). — **Essais sur la conception matérialiste de l'histoire.** 2e éd., 1902, 1 vol. in-18 . . . . 3 fr. 50

DESTRÉE (J.) et VANDERVELDE (E). — **Le Socialisme en Belgique.** 2e éd. 1903, 1 vol. in-18 . . . . 3 fr. 50

LABRIOLA (ANTONIO) — **Socialisme et Philosophie.** 1899. 1 volume in-18 . . . . 2 fr. 50

MARX (KARL). — **Révolution et contre-révolution en Allemagne,** traduit par Laura Lafargue. 1900. 1 vol. in-18 . . 2 fr. 50

GATTI (G.). — **Le Socialisme et l'Agriculture,** préface de G. Sorel. 1902. 1 vol. in-18 . . . . 3 fr. 50

LASSALLE (F.). — **Discours et pamphlets.** 1903. 1 vol. in-18. 3 fr. 50

LASSALLE (F.). — **Capital et Travail.** 1904. 1 vol. in-18 . 3 fr. 50

TARBOURIECH (E). — **Essai sur la propriété.** 1905. — 1 vol. in-18 . . . . 3 fr. 50

(SÉRIE IN-8)

WEBB (BÉATRIX et SYDNEY). — **Histoire du Trade-Unionisme.** 1897, traduit par Albert Métin. 1 vol. in-8 . . . . 10 fr. »

KAUTSKY (KARL). — **La question agraire. Etude sur les tendances de l'Agriculture moderne,** traduit par Edgard Milhaud et Camille Polack. 1900. 1 vol. in-18 . . . . 8 fr. »

MARX (KARL). — **Le capital,** traduit à l'Institut des sciences sociales de Bruxelles, par J. Borchardt et H. Vanderrydt :

— LIVRE II. — **Le Procès de circulation du capital.** 1900. 1 vol. in-8. . . . . 10 fr. »

— LIVRE III. — **Le Processus d'ensemble de la production capitaliste.** 1901-1902. 2 vol. in-8 . . . . 20 fr. »

KAUTSKY (K.). — **La politique agraire du parti socialiste,** trad. C. Polack. 1903, in-8. . . . . 4 fr. »

AUGÉ-LARIBÉ (MICHEL). — **Le Problème agraire du socialisme.** *La viticulture industrielle du midi de la France.* 1907. 1 volume [illegible]-8. . . . . 6 fr. »

[illegible]ENIR SOCIAL (Revue internationale d'économie, d'histoire et de phi-[illegible] La *Collection complète* (1895 à 1898). 4 très forts vol. gr. in-8. . . . . 60 fr. »

[illegible]bliés dans cette revue des articles de :

[illegible] David, Ed. Fortin, Ch. Bonnier, K. Kautsky, Gabriel [illegible]riola, G. Plekhanoff, Paul Lafargue, L. Héritier, A. [illegible] G. Sorel, Bened. Croce, Kovalewsky, Issaieff, Arturo [illegible]alvioli, Conrad Schmidt, E. Bernstein, E. Vander[illegible], etc.

Imp. Laffray fils et gendre.

www.ingramcontent.com/pod-product-compliance
Ingram Content Group UK Ltd.
Pitfield, Milton Keynes, MK11 3LW, UK
UKHW031851260826
14628UKWH00002B/711

9 782013 364140